JOHANNES ZANG
Begegnungen mit Christen im Heiligen Land

JOHANNES ZANG

Begegnungen mit Christen im Heiligen Land

Ihre Geschichte und ihr Alltag

Mit praktischen Reise- und Geheimtipps

echter

Meinem Neffen Julian (19.2.2005–2.5.2016)
gewidmet, der mir mit seiner Tapferkeit, seiner Geduld,
Motivationsgabe und Neugier ein Vorbild ist.

INHALT

7 Vorwort

Christen in Israel und Palästina
9 Vielfalt der Kirchen
12 Die Lage der einheimischen Christen

Christen im Heiligen Land begegnen
29 Gottesdienste mit einheimischen Christen
30 Begegnungen an Festtagen im Kirchenjahr
46 Begegnungen in ihren Heimatorten oder Einrichtungen

92 Begegnungen mit Drusen – Juden – Muslimen

Wie plane ich eine Reise?
94 Wann beginne ich mit der Reiseplanung?
98 Zu den Infoabenden
99 Reiserouten: Grundsätzliches und Praktisches
100 Reiseveranstalter
101 Gästehäuser
103 Wer führt die Gruppe?
106 Bewährte Reiseverläufe

118 Nachwort

Anhang
122 Begegnungs-/Besuchsmöglichkeiten auf einen Blick
129 Literaturempfehlungen
137 Filmtipps
138 Karte mit christlichen Orten/Einrichtungen/ Begegnungsmöglichkeiten
142 Notizen

Vorwort

In Israel und Palästina leben Christen. Nicht wenige Pilger treffen während ihrer Pilgerreise jedoch keinen einzigen von ihnen. Sie lassen sie buchstäblich links und rechts des Weges liegen. Manche fahren gar nach Hause und sind der Meinung, es lebten ausschließlich Juden und Muslime zwischen Mittelmeer und Jordanfluss. Die einzigen Einheimischen, die viele Pilger- und Touristengruppen zumindest ein wenig kennenlernen, sind der (oft) muslimische Busfahrer und der (ebenfalls oft) jüdische „Guide", der Reiseleiter.

Auch ich brauchte Zeit, um die Christen zu entdecken. Dass es einheimische, palästinensische Christen im Gaza-Streifen gibt, erfuhr ich erst nach schätzungsweise 20 Besuchen in diesem angeblich dichtestbesiedelten Gebiet der Erde. Im Falle von Jerusalem und Bethlehem bemerkte ich dies schneller.

Nun, nach insgesamt etwa neun Jahren, die ich im Heiligen Land lebte – Heiliges Land im engeren Sinne verstanden, sprich Israel und die Besetzten Palästinensischen Gebiete (im Folgenden: Palästina) – sowie fast 50 Pilgergruppen, die ich seit 2008 auf Rundreisen begleitet habe, kenne ich viele Christinnen und Christen persönlich: Ich hatte in Bethlehem, Beit Jala und Jerusalem christliche Vermieter, Arbeitskollegen, Nachbarn, Freunde, Chormitglieder und Schüler.

Und zu meinen Gruppen lasse ich immer wieder Christinnen und Christen sprechen. Ich organisiere Begegnungen in christlichen Einrichtungen und – das ist mir ganz wichtig! – wir feiern den Sonntagsgottesdienst nicht für uns in deutscher Sprache an einem heiligen Ort, sondern mit einheimischen Christen in deren Pfarrkirche auf Arabisch. Danach kommen wir beim üblichen Kirchenkaffee ins Gespräch.

Was will dieses Buch? Dreierlei. Es will zum einen über den Reichtum der etwa 50 Kirchen des Heiligen Landes informieren, über ihre Besonderheiten, Nöte und Hoffnungen. Zweitens will es Christen und christliche Einrichtungen und Initiativen porträtieren. Drittens möchte das Buch praktische Handreichung sein für Pfarrer und Pfarrerinnen, Gemeinde- und Bildungsreferenten, Religionslehrer und alle, die eine Heilig-Land-Reise planen, aber auch für Reiseveranstalter: Sie werden zwischen den beiden Buchdeckeln alle wichtigen Daten finden, um selbst Begegnungen organisieren zu können.

Möge Ihre Reise eine voller Begegnungen mit den lebendigen Steinen des Heiligen Landes sein!

Jerusalem / Goldbach
Mariä Lichtmess 2017

Johannes Zang

Christen in Israel und Palästina

Vielfalt der Kirchen

„Es gibt 52 verschiedene Kirchen im Heiligen Land." Nicht selten stiftet Pater Nikodemus Schnabel, seit August 2016 Prioradministrator der Benediktinerabtei *Dormitio* in Jerusalem, mit dieser Aussage vor Pilgergruppen Verwirrung. Aus Deutschland, Österreich oder der Schweiz kommende Christen kennen meist nur das Bekenntnis römisch-katholisch oder protestantisch, auch wenn es in Großstädten wie Wien, München oder Zürich durchaus orthodoxe Christen gibt: griechisch, russisch oder koptisch Orthodoxe.

Keine der Kirchenspaltungen geschah im Heiligen Land, sondern außerhalb desselben durch Meinungsverschiedenheiten oder Missverständnisse auf Konzilien, auf deutschem Boden (Martin Luther) oder in England. Die Kirche im Heiligen Land war von Anfang an multikulturell. Schon ab dem 5. Jahrhundert sind in Jerusalem neben arabischen Christen (Kopten) auch Armenier und Georgier bezeugt. Heute, im 21. Jahrhundert, sind die meisten Christen zwischen Mittelmeer und Jordanfluss arabischsprachig, doch finden sich auch Gemeinden, die auf Armenisch, Russisch, Ge'ez (altäthiopisch), Hebräisch, Englisch, Rumänisch, Filipino, Deutsch, Polnisch, Dänisch, Niederländisch, Französisch oder in einer afrikanischen Sprache Gottesdienst feiern.

Um einige bekanntere palästinensische Christen zu nennen: 2015 wurden die beiden Ordensfrauen Maria Alfonsina Danil Ghattas und Mariam Bauardy von 'Ibillin heiliggesprochen. Weitere prominente palästinensische Christen sind der Literaturtheoretiker und Mitgründer des West-Östlichen Divan-Orchesters Edward Said (†), die Politikerin Hanan Ashrawi, der lutherische Pfarrer Mitri Raheb aus Bethlehem, der Maler Sliman Mansour oder die Rennfahrerin Betty Saadeh (Speed Sisters) und Khouloud Daibes, aktuell Botschafterin Palästinas in Deutschland.

Sliman Mansour, Das Abendmahl (1994).

Zu den traditionellen Kirchen werden im Heiligen Land zwölf gezählt. Deren Oberhäupter (oder ihre Entsandten) treffen sich einmal monatlich in Jerusalem, nicht um die Ökumene zu stärken, sondern um beispielsweise die Gebetswoche für die Einheit der Christen vorzubereiten oder einen gemeinsamen Katechismus für die Schule zu erarbeiten. Außerdem geben die Kirchenoberhäupter bei gegebenem Anlass gemeinsame Erklärungen heraus, zum Beispiel anlässlich sogenannter *Price-tag*-Vergeltungsattacken jüdischer Nationalreligiöser gegen Kirchen oder Moscheen. Unterschrieben werden diese Aufrufe immer in dieser Reihenfolge, was den Rang und die Bedeutung der jeweiligen Kirche zum Ausdruck bringt (die römisch-katholische Kirche ist dabei zweimal vertreten – durch den lateinischen Patriarchen und den Kustos, den höchsten Franziskaner im Heili-

Vor der armenischen Jakobuskathedrale in Jerusalem ruft ein Mönch mittels Klangbrett zum Gebet.

gen Land und Hüter der heiligen Stätten):
- Griechisch-orthodoxes Patriarchat *(von Einheimischen rum-orthodox genannt)*
- Lateinisches Patriarchat
- Armenisches Patriarchat
- Kustos des Heiligen Landes
- Koptisch-orthodoxes Patriarchat
- Syrisch-orthodoxes Patriarchat
- Äthiopisch-orthodoxes Patriarchat
- Griechisch-melkitisch-katholisches Patriarchat
- Maronitisches Exarchat
- Episkopale (anglikanische) Kirche von Jerusalem und dem Nahen Osten
- Evangelisch-lutherische Kirche von Jordanien und dem Heiligen Land
- Syrisch-katholisches Exarchat
- Armenisch-katholisches Exarchat

Die anderen sind entweder später dazugekommen, wie Baptisten oder Quäker, stehen mit diesen ‚traditionellen' Kirchen in Gemeinschaft (wie die russisch-orthodoxe mit der griechischen oder Reformierte mit den Lutheranern) oder sind eigenständige, freikirchliche Gemeinden, wie die zahlreichen messianischen Gemeinden.

Um es dem Nicht-Theologen etwas einfacher zu machen: Man unterscheidet allgemein zwischen vier Konfessionsfamilien:

1. — die *orientalisch-orthodoxen* (alt-orientalischen) Kirchen. Dazu zählen die koptisch-, die syrisch- und die äthiopisch-orthodoxe und die armenische Kirche. Diese vier nennt man auch vorchalkedonische Kirchen. Sie sind nicht mit der byzantinischen Kirche verbunden und erkennen das Konzil von Chalkedon (451) sowie die drei folgenden Konzilien nicht an.

2. — die *griechisch-(rum-)orthodoxe* Kirche. Sie ist als Nachfolgerin der alten byzantinischen Reichskirche

Melkitische Verkündigungskirche beim Jaffator in Jerusalem.

die am meisten etablierte und die am engsten mit der arabischen Sprache und Kultur verbundene Kirche des Heiligen Landes. Das Oberhaupt – derzeit Theophilos III. als 141. Patriarch – gilt als höchster christlicher Würdenträger im Land und führt den Titel „Orthodoxer Patriarch von Jerusalem". Wichtige öffentliche Gebäude des israelischen Staates, wie etwa die Knesset oder das Israel-Museum, stehen auf gepachtetem Grund des Patriarchats.

3. — Die dritte Konfessionsfamilie sind die *Lateiner (römisch-katholische Kirche)* mit den zu Rom gehörenden so genannten *unierten Kirchen:* Dazu gehören die im Libanon beheimateten *Maroniten* sowie die Christen der *griechisch-melkitisch-katholischen, syrisch-katholischen* sowie *armenisch-katholischen* Kirche. Die griechisch-katholische, 1724 von der griechisch-orthodoxen Kirche abgespalten, ist sogar die größte christliche Denomination in Israel. Theologisch, spirituell sowie liturgisch trennt die beiden Kirchen nur wenig. Der wichtigste Unterschied ist jurisdiktioneller Natur.

4. — Die letzte im Heiligen Land vertretene Konfessionsfamilie sind die Kirchen *reformatorischer* Traditionen, sprich: die *episkopale (anglikanische),* deren Oberhaupt Erzbischof Suheil Dawani für etwa 7.000 Gläubige in fünf (!) Ländern zuständig ist: Libanon, Syrien, Jordanien, Palästina und Israel. Dazu kommen die *evangelisch-lutherische,* die *presbyterianische* Kirche und etliche *evangelikale Freikirchen.*

Christen in Israel und Palästina 11

Die Lage der einheimischen Christen

Etwa 80 Prozent der Christen in Israel sind Palästinenser, in den palästinensischen Gebieten ist das zu fast einhundert Prozent der Fall. Die Mehrheit der weltweit auf ca. 500.000 geschätzten palästinensischen Christen lebt in Europa, Nord- und Lateinamerika sowie den Golfstaaten. Nur etwa 170.000 arabischsprachige Christen leben in ihrer Heimat (auch wenn manche „Binnenvertriebene" sind): ca. 120.000 in Israel, ca. 50.000 im West-Jordanland samt Ost-Jerusalem und ca. 1.000 im Gaza-Streifen. Sie leben dort als Minderheit – in Israel unter Juden und Muslimen, in den palästinensischen Gebieten unter der fast 99 Prozent zählenden muslimischen Mehrheit. Ihre Lage ist durch acht Wunden gekennzeichnet. Sie wiegen schwer und hindern sie an Entwicklung und Wachstum.

Die Wunde der Kirchengeschichte

Die Kirchengeschichte im Heiligen Land ist mit Hypotheken belastet: Da ist das muslimische Misstrauen gegenüber Christen aufgrund der Kreuzzüge und das deshalb bis heute nicht spannungsfreie Miteinander. Eine weitere Hypothek ist das durch die Kreuzzüge belastete Verhältnis orthodoxer Kirchen zur lateinisch-römischen. Die abendländischen Kreuzritter gewannen derart an Einfluss, dass die römische Kirche die tonangebende wurde. Sie vertrieben den griechisch-orthodoxen Patriarchen nach Konstantinopel und führten Latein als Gottesdienstsprache ein, obwohl die Mehrheit der damaligen Christenheit im Heiligen Land der griechisch-orthodoxen Kirche angehörte. Schließlich ist durch die importierten Kirchenspaltungen das innerchristliche Miteinander überschattet. Dieses ist zusätzlich durch den Vorwurf des „Schafe-Stehlens" – dass eine Kirche der anderen die Schafe abspenstig macht – erschwert.

Die Wunde des israelisch-palästinensischen (jüdisch-arabischen) Konflikts, insbesondere die Wunde der Nakba

Den Beginn des jüdisch-arabischen/israelisch-palästinensischen Konfliktes setzen viele Nahostexperten mit der ersten jüdischen *Aliyah* 1882 an. Das hebräische Wort bezeichnet das Hinaufziehen nach Jerusalem oder zum Tempel, jedoch auch die Einwanderung von Juden in ihr Ursprungsland. Diese erste Einwanderungswelle ins damalige Osmanische Reich wurde ausgelöst durch judenfeindliche Pogrome in Russland. Damals standen 15.000 Juden insgesamt 453.000 palästinensischen Arabern in dem Gebiet gegenüber, das heute Israel und die Palästinensischen Gebiete umfasst. Der zionistischen Bewegung (zurück zu den Wurzeln, zurück nach Zion) verlieh der Journalist Theodor Herzl enormen Auftrieb. Seine 1896 veröffentlichte Schrift *Der Judenstaat – Versuch einer modernen Lösung der Judenfrage* forderte einen jüdischen Staat: „Wir wollen endlich als freie Männer auf unserer eigenen Scholle leben und in unserer eigenen Heimat ruhig sterben."

Der Verlust palästinensischen Landes (Vertreibung – Nakba)

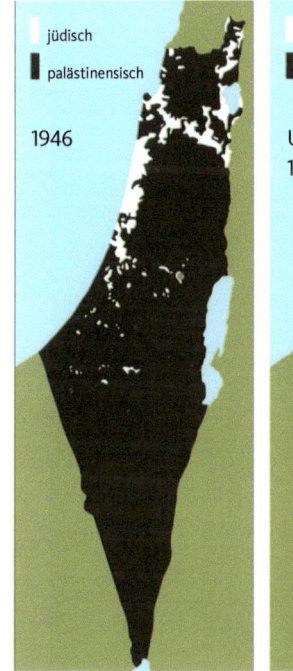

Jüdischer und palästinensischer Landbesitz

UN-Teilungsplan: Israel ca. 56,5 Prozent, Palästina ca. 43,5 Prozent

Krieg von 1948

Nach der Niederlage des Osmanischen Reiches im Ersten Weltkrieg übertrug der Völkerbund Großbritannien das Palästina-Mandat. Schon 1917 hatten die Briten in der Erklärung ihres Außenministers Balfour den Juden eine „nationale Heimstätte" in Palästina zugesagt. Doch sollten dabei die nichtjüdischen Gemeinschaften, sprich: Christen und Muslime, nicht beeinträchtigt werden. Mit zunehmender jüdischer Einwanderung in den 20er und 30er Jahren des 20. Jahrhunderts nahmen die blutigen Zusammenstöße zwischen Zionisten und Palästinensern zu (Jaffa, Nabi-Musa-Ausschreitungen, Hebron-Massaker etc.). Von 1936 bis 1939 herrschte aufgrund der Revolte der palästinensischen Araber der Ausnahmezustand. Ihre Forderungen an die britische Mandatsmacht lauteten: Einwanderungsstopp und ein Ende der Landvergabe an Juden. Die Briten, denen die Araber vorwarfen, pro-jüdisch zu sein, schlugen den Widerstand brutal nieder. Palästinenser wurden gehängt, inhaftiert oder verbannt. Den Briten war spätestens jetzt klar: Das Land musste geteilt werden. Auf den Peel-Teilungsplan von 1937 folgten weitere, bis schließlich 1947 die Vereinten Nationen einen eigenen vorlegten: Er sah einen jüdischen Staat (56,47 % des Mandatsgebietes) neben einem arabischen Staat (42,88 %) vor. Jerusalem und Bethlehem sollten eine internationale Zone bilden. Die Juden

Das Dorf Lifta am Stadtrand von West-Jerusalem, aus dem ca. 2.000 Palästinenser vertrieben wurden; zurückkehren durften sie bis heute nicht.

nahmen den Teilungsplan an, die Araber lehnten ihn ab. Weshalb? Zum Zeitpunkt des Teilungsplanes waren die Bevölkerungs- und Besitzverhältnisse wie folgt: Mit 1,3 bis 1,4 Millionen Menschen standen die Araber etwa 600.000 bis 650.000 Juden gegenüber, die nur circa 6 % des Bodens in Palästina besaßen. Der Besitz der Araber dagegen belief sich auf fast 90 % des Landes. Laut Teilungsplan sollte sich die palästinensisch-arabische Bevölkerung aber mit weniger als der Hälfte des historischen Palästina zufriedengeben.

33 Staaten stimmen in der UNO-Generalversammlung im November 1947 für den Teilungsplan, 13 dagegen, 10 enthielten sich.

Am 14. Mai 1948 rief David Ben Gurion den Staat Israel in Tel Aviv aus – einen Tag vor dem offiziellen Abzug der britischen Mandatstruppen. Daraufhin eilten die arabischen Nachbarn Syrien, Irak, Jordanien und Ägypten ihren palästinensischen Brüdern und Schwestern zu Hilfe und griffen den neu gegründeten jüdischen Staat an. Dieser, mit Waffen gut versorgt, schlug hart zurück. Als 1949 ein Waffenstillstand vereinbart wurde, hatte der jüdische Staat sein Gebiet über die im UN-Teilungsplan vorgesehene Fläche hinaus erheblich vergrößert: auf 78 % des historischen Palästina. Im Zuge des Krieges wurden zwischen 700.000 und 800.000 palästinensische Araber vertrieben oder sie flohen vor jüdischen Truppen, darunter 60.000 christliche Palästinenser. Das waren drei Viertel der damaligen arabischen Bevölkerung Palästinas. Andere wurden innerhalb des Gebietes, das heute Israel ist, zu „Binnenflüchtlingen" und durften nach Kriegsende nicht in die manchmal nur wenige Kilometer entfernten Heimatorte zurückkehren. Laut Ilan Pappe, israelisch-jüdischer Historiker, wurden 531 palästinensisch-arabische Dörfer und elf Stadtviertel entvölkert, teilweise auch geplündert, Frauen dabei vergewaltigt.

Das palästinensische Flüchtlingsproblem war geboren – und mit ihm die Flüchtlingslager im Libanon, in Syrien, in Jordanien, im West-Jordanland und im Gaza-Streifen, die bis auf den heutigen Tag bestehen.

Über die meisten, komplett ausradierten Orte ist im wahrsten Sinne des Wortes Gras gewachsen (zum Beispiel Canada-Park zwischen Jerusalem und Tel Aviv). Im malerischen Dorf Ein Kerem (Geburtsort Johannes' des Täufers, mittlerweile Stadtteil Jerusalems) hat man jedoch die Wohnhäuser, Villen, Klöster und Kirchen verschont und teilweise für die eigene jüdische Bevölkerung genutzt. Andere Dörfer wurden bis auf Kirche oder Moschee plattgewalzt.

Damals ging nicht nur das eigene Haus samt Hab und Gut verloren, sondern auch Fabriken, Werkstätten, Plantagen und Geld auf Bankkonten. Kein Wunder, dass für die Palästinenser das Schicksalsjahr 1948 Nakba bedeutet, das arabische Wort für Katastrophe. Der Gesamtverlust des zerstörten oder beschlagnahmten palästinensischen Eigentums wird mit 200 Milliarden US-$ beziffert.

Israel konfiszierte auch kirchlichen Besitz, entweihte heilige Stätten oder riss Kirchen ab wie im Falle der Kirche von Birwa, die unter den Feldern der jüdischen Siedlung Ahihud begraben liegt. Die Nakba hat die palästinensisch-christliche Gemeinde in vier Städten, die heute im Kernland Israel liegen, komplett ausgelöscht: in Safad (hebr. Zefat), Bir Sab'a (Be'er Sheva), Beisan (Bet Shean) und Tabbarya (Tiberias); dazu die gesamte palästinensische christliche Gemeinschaft im heutigen West-Jerusalem – und wir sprechen dabei von Tausenden von Menschen. Ihre Häuser und Villen, in die nach Kriegsende Juden zogen, stehen bis heute. Insgesamt hat die Nakba etwa zwei Drittel der palästinensischen Christen zu Heimatvertriebenen und Flüchtlingen gemacht. Anderes geschah 1948 mit den galiläischen christlichen Dörfern Iqrit und Bir'am (auch: Biram, Baram, Bar'am geschrieben). Deren Bewohner wurden vom israelischen Militär dazu aufgefordert, wegen Militäraktionen ihre Häuser zu verlassen. Man versprach den Christen die Rückkehr nach zwei Wochen. Dies ist bis heute nicht geschehen. Um die Rückkehr ein für allemal zu verhindern, beschloss die Armee mit Wissen der Regierung die Zerstörung der beiden Orte, die unweit der libanesischen Grenze liegen. Iqrit wurde am Heiligen Abend (!) 1951, Bir'am im September 1953 gesprengt. Die Kirchen und Friedhöfe tastete man nicht an – bis heute halten sie die Erinnerung an die Nakba wach. Obwohl der Oberste Gerichtshof in Israel das Rückkehrrecht bestätigte, wurde den Bewohnern bis heute die Rückkehr nicht erlaubt. An der Marienkirche zu Iqrit befindet sich das von Bitterkeit zeugende Graffito in englischer Sprache: *Wir werden niemals das Geschenk vom 24. Dezember 1951 vergessen.*

Die Wunde der Diskriminierung durch die jeweilige israelische Regierung **in den Besetzten Gebieten**

Der von Israel begonnene Sechs-Tage-Krieg 1967 gegen drei arabische Armeen wurde gewonnen, die dabei eroberten palästinensischen Gebiete dauerhaft besetzt. Das fügte den Palästinensern nach der Nakba die Naksa (Schlappe) zu und damit eine weitere Wunde. Erneut mussten Palästinenser fliehen (vor allem in die arabischen Nachbarstaaten, die Zahlen schwan-

Der Verlust -
palästinensischen Landes

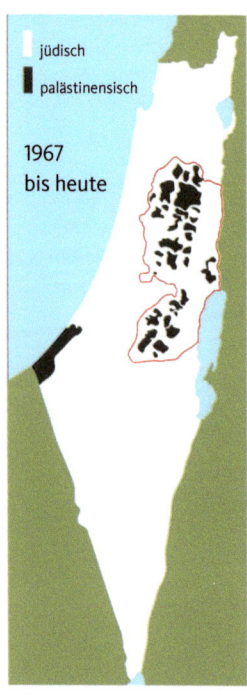

jüdisch

palästinensisch

1967
bis heute

ken zwischen 200.000 und 600.000), manche von ihnen zum zweiten Mal nach 1948. Seitdem leben die Palästinenser in Ost-Jerusalem, im West-Jordanland und im Gaza-Streifen unter Militärbesatzung.

Diese prägt und überschattet das Leben der Christen genau wie das ihrer muslimischen Landsleute. Da ist die sichtbare, blutige Besatzung und der blutige Kampf gegen sie – mit Toten und Verletzten, seelischen und körperlichen Krüppeln. Da ist die sichtbare unblutige Besatzung – mit Kontrollpunkten und Straßensperren aller Art, mit Landenteignung und dem System der Passierscheine. Zum Dritten gibt es die weitgehend unsichtbare unblutige Besatzung – dazu gehören das Zurückhalten von Steuereinnahmen, die Lähmung des Bankenverkehrs, das Vorenthalten von Mobilfunkfrequenzen, das Ausbeuten palästinensischer Bodenschätze, das Nein zu Familienzusammenführungen und der Entzug des Ausweises. Dazu kommt die Trennbarriere, die zu etwa 70 % fertiggestellt ist und in vielen Abschnitten Palästinenser von Palästinensern trennt.

Schmerzlich und katastrophal ist für die Wirtschaft und Landwirtschaft, dass das C-Gebiet des West-Jordanlandes, etwa 60 % der Gesamtfläche, komplett unter israelischer Kontrolle steht. Das Oslo-II-Abkommen 1995 hat das ohnehin kleine West-Jordanland in drei Zonen eingeteilt, mit je eigenen Befugnissen und Kompetenzen für Israel und die Palästinensische Nationalbehörde.

Die größte davon ist die Zone C: In diesem Gebiet ist Israel alleine für Sicherheits-, Planungs- und Verwaltungsangelegenheiten zuständig: Hausbau, Brunnenbohren, selbst das Aufstellen eines Zeltes – alles benötigt israelische Zustimmung. Folge: Palästinensisches Bauen ist extrem eingeschränkt.

Die Palästinenser der Besetzten Gebiete führen – auch wenn es der irreführende Terminus Autonomiegebiete nahelegt – alles andere als ein autonomes Leben. Der gesamte Alltag hängt von Israels Zustimmung ab. Kann ich angesichts 98 fest installierter Kontrollpunkte (31.1.2017) von A nach B gelangen? Wird ein fliegender, spontan errichteter Armee-Kontrollpunkt die Fahrt verlängern oder einen gar zum Umkehren zwingen? Kann man seinen Olivenhain erreichen, oder werden einen Soldaten oder jüdische Siedler daran hindern? Werden die bemannten Kontrollpunkte entlang der *Grünen Linie* beim nächsten jüdischen Feiertag wieder geschlossen und damit alle Passierscheine ungültig? Wie kann man den Verdienstausfall kompensieren? Wird man sich vielleicht als Tagelöhner für umgerechnet 15 bis 25 Euro in Hebron, Nablus oder Bethlehem verdingen können?

Christen in Ost-Jerusalem sind größteils nur „dauerhaft ansässige Einwohner". Halten sie sich mehr als sieben Jahre außerhalb Jerusalems auf, riskieren sie, ihren Aufenthaltsstatus zu verlieren. Dieser wurde zwischen 1967 und 2015 bei etwa 14.500 Ost-Jerusalemer Palästinensern widerrufen, vermeldet *HaMoked*, eine israelische Menschenrechtsorganisation und nennt das „stille Abschiebung". Ost-Jerusalemiten, Christen wie Muslime, haben es schwer, eine Baugenehmigung zu bekommen, ihre Kinder registrieren zu lassen oder die hohe Kommunalsteuer *Arnona* zu bezahlen. Dafür erhalten sie im Gegensatz zu ihren jüdischen Nachbarn in West-Jerusalem jedoch keine entsprechenden Dienstleistungen. Drei Beispiele: Die Müllabfuhr kommt unregelmäßig; nur 64 % der Haushalte sind ans Wassernetz angeschlossen; viele Straßen haben bis heute keinen Namen. Drei Viertel der Palästinenser in Jerusalem leben unterhalb der Armutsgrenze (aber lediglich 22 % von ihnen erhalten Sozialleistungen), bei Kindern sind es sogar 83,9 %.

Die Wunde der Diskriminierung durch die jeweilige israelische Regierung **in Israel**

Die Klage-Litanei der Christen in Israel ist lang. Bis heute war in Israel noch kein Christ Minister einer Regierung, Bankvorstand oder Sprecher des

Ein spontan errichteter „Fliegender Kontrollpunkt" der israelischen Armee im palästinensischen West-Jordanland.

Christen in Israel und Palästina

Präsidenten; im 15-köpfigen Obersten Gerichtshof Israels sitzt als einziger Nicht-Jude mit Salim Joubran jedoch ein Christ. Mitarbeiter christlicher Privatschulen beklagen die Benachteiligung durch das Bildungsministerium. Auch Kirchenobere haben Sorgen: Nach dem in Israel noch geltenden osmanischen Religionsrecht benötigt der griechisch-orthodoxe oder lateinische Patriarch eine dreifache offizielle Anerkennung: durch den israelischen Staat, die palästinensische Autonomiebehörde und das jordanische Königshaus. Israelische Regierungen haben indes wiederholt diese Anerkennung verspätet ausgesprochen oder diese an Zugeständnisse des Patriarchen geknüpft. Theophilos III. musste sage und schreibe zwei Jahre auf die Zustimmung der israelischen Regierung warten. Die Kirchenleitung der römisch-katholischen Kirche quält zudem die Sorge, dass trotz 20-jährigen Verhandlungsmarathons über offene Rechts- und Steuerfragen zwischen dem Heiligen Stuhl und dem Staat Israel bis heute kein Abkommen unterzeichnet wurde. Wird die traditionelle Steuerbefreiung katholischer Schulen, Hospize und Krankenhäuser möglicherweise aufgehoben?

Andere Sorgen haben die palästinensischen Christen mit den Muslimen gemein: Das Gefühl, nicht dazuzugehören, speist sich vor allem aus leidvollen Erfahrungen mit israelischer Bürokratie, Justiz und nicht zuletzt durch die Sicherheitsbefragung am Flughafen Tel Aviv. Auch bei der Erteilung von Baugenehmigungen oder der Zuteilung von Geldern aus dem Staatshaushalt werden die Aravim (hebr. für Araber) systematisch benachteiligt. Vor Gericht werden sie nachgewiesenermaßen zu höheren

Der griechisch-orthodoxe Patriarch Theophilos III. (seit 2005).

Gefängnisstrafen verurteilt als jüdische Israelis. In den letzten Jahren hat die Knesset etwa 50 Gesetze verabschiedet, die Nicht-Juden diskriminieren, darunter das sogenannte Nakba-Gesetz, das öffentliche Gedenkfeiern unter Strafe stellt, die an die Vertreibung der Palästinenser erinnern; Organisationen, die den israelischen Unabhängigkeitstag als Trauertag begehen, kann nun per Gesetz die staatliche Förderung gekürzt werden. Die Benachteiligung zeigt sich auch auf politischer Ebene: Seit der Staatsgründung Israels sind bestimmte palästinensisch-arabische Gruppen und Parteien verboten oder daran gehindert worden, für die Knesset zu kandidieren. Palästinensisch-arabische Parteien haben seit 2015 eine weitere Hürde zu nehmen, wollen sie in die Knesset einziehen: Da verabschiedete der Oberste Gerichtshof das Wahl-Sperrklausel-Gesetz, womit die 2 %-Hürde auf 3,25 % angehoben wurde. All dies zusammengenommen führt gerade bei jungen christlichen Palästinensern in Israel zu einer Identitätskrise: Wer bin ich in meiner Heimat? Palästinenser? Israeli? Auf den Punkt bringt es der Buchtitel *Caught in between* (sinngemäß: Gefangen zwischen allen Stühlen) des aus Nazareth stammenden früheren anglikanischen Bischofs Riah Abu El-Assal; der Untertitel lautet: Die außergewöhnliche Geschichte eines arabisch-palästinensisch-christlichen Israeli.

Was Christen – aber auch Muslime – in Israel schmerzt, ist: Sie leben seit fast 70 Jahren Seite an Seite mit Juden, sprechen deren Sprache, arbeiten mit ihnen, kennen ihre Mentalität, Sehnsüchte und Ängste. National, ethnisch und kulturell sind sie Palästinenser, deren größerer Bevölkerungsteil jedoch jenseits der *Grünen Linie,* der international anerkannten Grenze zwischen Israel und dem Besetzten West-Jordanland, in den besetzten Gebieten lebt. Wären sie da nicht die idealen Vermittler im Nahostkonflikt? Bis heute hat die israelische Politik diese Chance nicht genutzt, im Gegenteil. Sie sieht die 1,8 Millionen Palästinenser in Israel als „fünftes Rad am Wagen", als Last, als Hindernis, als potenzielle Gefahr.

---

*Die Wunde
der Gewalt seitens
national-religiöser
jüdischer Extremisten*

„Jesus ist ein Hurensohn" oder „Tod den Christen" – solche Schmierereien sind immer wieder an Kirchen oder christlichen Einrichtungen zu lesen. Im Januar 2016 standen an der Klostermauer der Dormitio-Abtei 23 Mordaufrufe – einer pro Mönch. Am Tag des Papstbesuches 2014 hatte es in dieser Abtei bereits gebrannt.

Priester und Ordensleute im Habit werden in Jerusalem regelmäßig bespuckt. Der bislang schlimmste Angriff war der Brandsatz, der im Juni 2015 die Klosterpforte, das Atrium und den Geschenkladen im Priorat Tabgha, Ort der Brotvermehrungskirche, zerstörte und einen Schaden von mindestens 1,3 Millionen Euro verursachte.

Die Täter, die wiederholt auch Moscheen beschädigt haben, kommen aus dem jüdisch-national-religiösen Lager. Für ihre Verbrechen hat sich der Begriff „Price-tag"-Attacken eingebürgert. Mit den „Preisschild"-Angriffen wollen die meist jugendlichen Täter, die man auch „Hügeljugend" nennt, zeigen, dass es einen „Preis" hat, Juden von „ihrem" Land zu „vertreiben", womit sie den Abbau jüdischer Siedlungsaußenposten im palästinensischen West-Jordanland durch die israelische Armee meinen. Ihre Wut und Rachegelüste bekommen Christen und Muslime im West-Jordanland, in Ost-Jerusalem und in

„Tod den Arabern" auf einem Grabstein (hebr.).

Israel zu spüren. Im Juli 2015 wurde das Haus eines Palästinensers in Duma/West-Jordanland angezündet, wodurch der zweijährige Ali Dawabsheh verbrannte. In der Nähe des Hauses fanden sich Graffiti mit dem David-Stern und den Worten „Rache" und „Lang lebe der Messias, der König". Manche nennen die Verbrecher Extremisten, Terroristen oder religiöse Zeloten, für den Prior-Administrator der Dormitio, P. Nikodemus Schnabel, sind sie „Hooligans der Religion". Der israelisch-jüdische Schriftsteller Amos Oz hält sie für nichts weniger als „jüdische Neonazis".

Kirchenleute im Heiligen Land machen Israels verfehlte Religionspolitik für dieses Phänomen jüdischen Terrorismus verantwortlich. Polizei, Geheimdienste und Justiz gehen erfahrungsgemäß diesen Verbrechen entweder nicht gründlich nach, stellen die Ermittlungen ein oder lassen Milde den Tätern gegenüber walten. Beispielhaft steht dafür der Umgang mit der Gruppe *Lehava*, die der Führung von Rabbi Benzi(on) Gopstein untersteht. *Lehava* bedeutet im Hebräischen Flamme und als Akronym *Verhinderung von Assimilation im Heiligen Land*. *Lehava* warnt jüdische Frauen vor Beziehungen mit arabischen Männern und ist für den Brandanschlag auf die jüdisch-arabische Schule *Max Rayne Hand in Hand* im November 2014 verantwortlich. Gopstein rief unter Berufung auf den jüdischen Philosophen und Arzt Maimonides (12. Jh.) die israelischen Behörden öffentlich dazu auf, alle Kirchen in Israel als Götzentempel niederzubrennen. Das sei die Pflicht eines jüdischen Staates. Christen verfolgten weiterhin das Ziel, Juden zu missionieren, und müssten deshalb ausgewiesen werden. „Lasst uns die Vampire hinauswerfen, bevor sie erneut unser Blut saugen", forderte Gopstein. Nach seinem Aufruf zur Kirchenzerstörung hat die katholische Kirche im Heiligen Land Strafanzeige wegen Volksverhetzung gestellt. Laut Pater David Neuhaus SJ aus Jerusalem, selbst gebürtiger Jude, tut das jüdische Establishment nicht genügend, um Rabbi Gopsteins Ansichten etwas entgegenzusetzen. Die Verbindung von religiösem Extremismus mit nationalistischer Ideologie hält er für „ein extrem giftiges Gemisch". Vehement fordert er „eine Erziehungskampagne unter orthodoxen Juden, die Respekt für die Angehörigen anderer Religionen oder Nationen lehrt".

Die Wunde der Benachteiligung und Gewalt durch Muslime und Drusen

In Palästina haben Christen regelmäßig Ministerämter inne, bevorzugt das Amt des Tourismusministers. In acht Orten, so hat Yassir Arafat zu seinen Lebzeiten verfügt, dürfen Christen den Bürgermeister stellen, selbst wenn sie in der Minderheit sind; dazu zählen etwa Bethlehem und Ramallah. Die Christin Hanan Ashrawi war von 1991 bis 1993 offizielle Sprecherin der palästinensischen Delegation im Nahost-Friedensprozess. „Die Christen spielen eine viel größere Rolle, als es ihr Bevölkerungsanteil besagt", meint der palästinensisch-lutherische Pfarrer Mitri Raheb aus Bethlehem und verweist auf zwei Zahlen: Ein Drittel der Krankenversorgung in Palästina erfolgt durch christliche Einrichtungen; 45 % aller Nichtregierungsorganisationen haben einen christlichen Direktor.

Mitri Raheb, palästinensisch-lutherischer Pfarrer aus Bethlehem.

Gleichwohl hört man in den letzten Jahrzehnten auch in Palästina öfter von Gewalt oder Einschüchterungsversuchen durch Muslime gegenüber Christen. Christliche Wohnviertel wurden in Kafr Yassif (1982), Tur'an (1998) und Maghar (2005, von Drusen) angegriffen und dabei Fahrzeuge und Geschäfte von Christen in Brand gesteckt; in Nazareth wurden Geschäfte geplündert (1999) und in Rameh/Rama wurde eine Rakete auf die Kirche abgeschossen (2003). Es gab Tote und Verletzte. Da die israelischen Sicherheitskräfte – oft tagelang – nicht einschritten, stellten manche Christen die Frage, ob das nicht gewollt sei, um die Christen zum Auswandern zu bewegen. Im September 2005 wütete im überwiegend christlichen Taybeh im West-Jordanland ein Mob von 200 bis 300 palästinensischen Muslimen. Hintergrund: die Beziehung eines ortsansässigen Christen mit einer Muslima aus dem Nachbardorf. Dreizehn Häuser wurden angezündet und das bis dato angeblich so gute christlich-muslimische Miteinander nahm erheblichen Schaden. Am Tag des hl. Georg 2014 wurde die griechisch-orthodoxe Georgskirche von Al-Khader bei Bethlehem Schauplatz von Ausschreitungen. Der Kirchenwächter wurde niedergestochen, ein halbes Dutzend Menschen verletzt, zudem gingen Fensterscheiben zu Bruch. Die palästinensische Polizei traf mehr als eine Stunde später am Tatort ein. Gewalt gegen Christen ist auch aus dem Gaza-Streifen bekannt: Die Bibliothek des YMCA wurde ebenso angezündet wie zwei Geschäfte in christlicher Hand, in denen Alkohol verkauft wurde. Einmal wurde das Haus eines Christen gestürmt und Kreuze und Ikonen in Brand gesteckt. Die Amerikanische Schule in Gaza wurde angegriffen und am Eingang des Klosters der Rosenkranzschwestern detonierte ein Sprengsatz. Rami Ayyad, palästinensischer Christ und Mitarbeiter der Bibelgesellschaft in Gaza, wurde mit Stich- und Schusswunden tot aufgefunden (2007). Bei Besuchen an der katholischen Universität Bethlehem wird hingegen immer wieder das unproblematische und selbstverständliche Miteinander von Christen und Muslimen auf dem Campus betont. Wie sieht die Wirklichkeit aus? Können Christen überhaupt offen sprechen? Sind sie gezwungen, zu beschönigen und zu verharmlosen? Die Vermutung liegt nahe.

Die Wunde des christlichen Zionismus

„Im Namen der palästinensisch-christlichen Urbevölkerung dränge ich Sie, die Häresie des christlichen Zionismus zu hinterfragen und anzufechten. Dieser maßt sich an, im Namen Gottes ein Apartheidregime zu rechtfertigen, das, wenn es nicht kontrolliert wird, binnen 20 Jahren zu einem Heiligen Land ohne einheimische Christen führen wird." Das schrieb 2009 Jonathan Kuttab, palästinensischer Christ und Rechtsanwalt aus Jerusalem, in einem offenen Brief an den anglikanischen Erzbischof Rowan Williams. Dieses Zitat zeigt, dass nicht nur der jüdische Staat und manche Muslime oder Drusen den Christen des Heiligen Landes das Leben schwermachen, sondern auch die eigenen Glaubensschwestern und -brüder!

Nicht der säkulare Jude Theodor Herzl war der Erste, der die Errichtung eines Judenstaates forderte, sondern christliche Zionisten im 19. Jahrhundert, die die Bibel wörtlich interpretierten, auch Redewendungen und Metaphern. Anhänger dieser Theologie werden als wiedergeborene Christen, „die christliche Rechte" oder christliche Zionisten bezeichnet. Sie glauben, dass die Verheißungen der Heiligen Schrift erfüllt werden, wenn Jesus auf die Erde zurückkehren und ein 1000-jähriges Reich errichten wird. Der moderne Staat Israel wird dabei von ihnen als Erfüllung der Prophetie angesehen, wonach Gott sein Volk wieder sammeln werde. Kriege, Katastrophen und Tragödien, auch Präsident Bushs Einmarsch in den Irak seien entscheidende Schritte auf dem Weg zur Erlösung. Doch zuvor müsse der Dritte Tempel als Vorbedingung für das Kommen Jesu gebaut werden.

Christliche Zionisten, in Deutschland sind das beispielsweise *Christen an der Seite Israels e.V.*, arbeiten eng mit der israelischen Regierung sowie mit jüdisch-zionistischen Organisationen zusammen und unterstützen tatkräftig die jüdische Einwanderung und Besiedlung des West-Jordanlandes. Die sogenannte *Christliche Botschaft* in Jerusalem verweist stolz darauf, dass man bisher 100.000 Juden nach Israel gebracht habe. Im August 2016 meldete die israelische Zeitung Ha'aretz, dass die Unterstützung der Evangelikalen für Israel zunehme. Christliche Zionisten kommen größtenteils aus dem protestantisch-evangelikalen Spektrum, dem allein in den USA mindestens 100 Millionen Menschen angehören, darunter auch Ex-Präsident George W. Bush. Die amerikanische Journalistin Barbara Victor warnt in ihrem Buch *Beten im Oval Office* eindringlich: „Indem sie den jüdischen Staat ermutigen, gegenüber den Palästinensern unnachgiebig zu bleiben, und ihn dazu animieren wollen, sich in allernächster Zeit so viel Land wie nur möglich zwischen Nil und Euphrat anzueignen, unterschreiben die Evangelikalen langfristig das Todesurteil für Israel." Infolge dieser Welt- und Gottessicht begegnen christliche Zionisten einheimischen palästinensischen Christen misstrauisch bis feindselig, ja sehen sie als Hindernis im Heilsplan Gottes.

Die Wunde der schrumpfenden Christenzahl in einer zersplitterten Minderheitensituation

Mit dem Einzug des Kalifen Omar in Jerusalem 638 begann für die Christen das Zeitalter muslimischer Herrschaft. Christen wie Juden standen fortan laut islamischem Gesetz als Schriftbesitzer (ahl al-kitab) unter besonderem Schutz, vorausgesetzt, sie erkannten die islamische Herrschaft an (Sure 9, Vers 29). Als *dimmi*, Schutzbefohlene, erhielten sie gegen Zahlung einer Kopfsteuer (*Gizyia*) das

Pater Amjad, Pfarrer von St. Katharina, Bethlehem: „Während der 2. Intifada sind 60 bis 70 Familien unserer Pfarrei ausgewandert."

Recht auf relativ freie Religionsausübung und religiöse Selbstbestimmung. Gleichwohl waren sie für die nächsten 1300 Jahre bis zum Ende des Osmanischen Reiches Bürger zweiter Klasse. Diese Periode unter muslimischer Herrschaft ließ die Christen des gesamten Nahen Ostens die Kultur und Sprache der Araber annehmen. Zeitweise hatten sie es mit toleranten muslimischen Herrschern zu tun, jedoch auch mit grausamen, wie etwa dem Fatimiden-Kalif al-Hakim im 11. Jahrhundert, der die Religionsausübung der Christen einschränkte und die Zerstörung von Kirchen anordnete, was den Ersten Kreuzzug auslöste. Nachdem viele Christen schon im 19. Jahrhundert wegen wirtschaftlicher Gründe aus Palästina ausgewandert waren, lösten der Erste Weltkrieg, der 1. Israelisch-arabische Krieg von 1948/49 (Nakba), der Sechs-Tage-Krieg 1967 (Naksa) sowie die 2. Intifada weitere Flucht- oder Auswanderungswellen aus. Zwischen 1967 und 1993 sollen pro Jahr etwa 50 christliche Familien aus dem West-Jordanland und Ost-Jerusalem ausgewandert sein; diese Rate ist doppelt so hoch wie unter Muslimen.

In den letzten Jahren hat sich die Lage noch einmal dramatisch verschärft, indem die palästinensischen Gebiete 61 % der armenisch-orthodoxen Gläubigen, 50 % der syrisch-orthodoxen, 32 % der griechisch-orthodoxen, 28 % der römisch-katholischen, 15 % der griechisch-katholischen und 8 % der protestantischen Gläubigen durch Auswanderung verloren haben. Seit etwa 20 Jahren kann man von Kirchen-

Chor der römisch-katholischen Pfarrei zum hl. Erlöser, Taybeh, West-Jordanland.

oberen die Warnung hören: Bald werden die heiligen Stätten Museen sein – ohne eine lebendige einheimische christliche Gemeinde. Wird der aktuelle Auswanderungstrend nicht gestoppt, könnte die einheimische palästinensische Christenheit zwischen 2020 und 2040 tatsächlich aussterben. Exemplarisch möchte ich Jerusalem herausgreifen und die Bevölkerungsentwicklung aufzeigen: Dort lebten 1922 etwa 4.000 palästinensische Christen, was einem Bevölkerungsanteil von 9,6 % entsprach. 1946 stellten die 31.300 Christen 19 Prozent der Stadtbevölkerung. Nach der Nakba waren es nur noch 14.000 Christen. Derzeit leben nur noch etwa 8.000 palästinensische Christen in Jerusalem, das ist nicht einmal mehr ein Prozent der Stadtbevölkerung. Dazu kommen die Armenier sowie 2.000 bis 3.000 ausländische Ordensangehörige, Theologiestudenten, Volontäre, Auslandskorrespondenten, Mitarbeiter der Konsulate, der UNO oder von Hilfsorganisationen sowie Ehepartner von Israelis oder Palästinensern.

Was die Lage der Christen zusätzlich erschwert, ist die Tatsache, dass sie als schrumpfende Minderheit auch keine geschlossene Einheit bilden. Wir müssen heutzutage von einer Fünfteilung der palästinensischen Christenheit sprechen:

– die palästinensischen Christen in der Diaspora
– die palästinensischen Christen im Staat Israel
– die palästinensischen Christen in Ost-Jerusalem
– die palästinensischen Christen im Gaza-Streifen
– die palästinensischen Christen im West-Jordanland.

Wie sollen sie da mit einer Stimme sprechen, wo sie sich doch entweder gar nicht oder nur unter Schwierigkeiten begegnen können? Gaza und das West-Jordanland, kaum 40 Kilometer voneinander entfernt, sind durch die israelische Blockadepolitik gefühlt weiter voneinander entfernt als Nordkorea und Brasilien. Familien, die dadurch isoliert sind, haben sich zum Teil seit zehn und mehr Jahren nicht gesehen. Diese Zersplitterung, die durch Familien hindurchgeht, schmerzt zutiefst.

Dass nun die Zahl der Christen immer mehr sinkt, hat viele Gründe: Die arabischen Christen sind weltgewandt, mehrsprachig und verfügen über einen vergleichsweise hohen Bildungsstand. Das hat jedoch eine Kehrseite. Es lockt die Christen schneller ins Ausland als ihre muslimischen Landsleute – auf der Suche nach (besseren) Arbeits- oder Studienplätzen und freier westlicher Lebensweise.

Dazu kommt die stetige bis heute anhaltende jüdische Einwanderung. Das lässt die Christen in Relation zur Gesamtbevölkerung prozentual auch schrumpfen. Ein weiterer Grund sind Verbannung oder Entzug des Aufenthaltsrechts durch israelische Behörden: Zwischen 1967 und 1994 (Errichtung der Palästinensischen Autonomiebehörde) hat der Staat Israel etwa einer Viertelmillion Palästinensern im West-Jordanland und im Gaza-Streifen das Aufenthaltsrecht aufgekündigt; dazu kommen 14.481 Jerusalemer Palästinenser, denen von 1967 bis einschließlich 2014 (für 2015 und 2016 liegen noch keine Daten vor) das Aufenthaltsrecht entzogen wurde. Sie alle können nicht mehr dauerhaft in ihrer Heimat leben und lediglich als Touristen Eltern, Verwandte, Freunde und Orte der Kindheit besuchen.

Unter ihnen finden sich auch Christen, der prominenteste dürfte der römisch-katholische Christ Afif Safieh sein. Der 1950 in Jerusalem geborene Politikwissenschaftler war als Diplomat Auslandsrepräsentant der Palästinensischen Autonomiebehörde, unter anderem beim Heiligen Stuhl. Auch die Flucht von palästinensischen Muslimen in einst mehrheitlich christliche Städte wie Bethlehem durch die *Nakba* 1947–1949 hat die Bevölkerungszusammensetzung nachhaltig verändert. Schließlich sei als letzter Faktor die bis heute höhere muslimische und jüdische Geburtenrate genannt.

Eine Befragung unter 366 Christen im West-Jordanland hat 2008 folgende Gründe für die Auswanderung ermittelt: 32,6 % mangelnde Freiheit und Sicherheit, 26,4 % Verschlechterung der Wirtschaft und 19,7 % die politische Instabilität; der Rest gab andere Gründe an, wie beispielsweise Studium oder Familienzusammenführung. Der christliche Exodus, vor allem aus den Besetzten Palästinensischen Gebieten, aber auch aus Israel, so scheint es, kann nur aufgehalten werden durch ein gerechtes Friedensabkommen, das eine menschenwürdige Perspektive für die Palästinenser in Israel und den besetzten palästinensischen Gebieten aufscheinen lässt.

Dazu, wie viele Christen denn nun im Heiligen Land leben, verlässliche und noch dazu aktuelle Daten zu bekommen ist schwierig. Aus manchen Quellen geht nicht hervor, ob in den Zahlen ausländische Christen, zum Beispiel Ordensleute, mitgezählt sind. Kenner der Lage geben außerdem zu bedenken, dass Kirchenobere im Fall der Auswanderung ihrer Schäfchen ihre Statistik ungern nach unten korrigieren, um ihre ohnehin kleine Herde nicht noch kleiner (und damit unbedeutender) erscheinen zu lassen. Je nach Quelle weichen die Zahlen geringfügig, zum Teil aber auch er-

	Israel	Jerusalem
Arabischsprechende Christen		
Griechisch-melkitisch-katholische Kirche	45.000–80.000	vermutlich einige Hundert
Griechisch-orthodoxe Kirche	35.000–45.000	3.000–3.500
Lateiner (römisch-katholische Kirche)	12.000–24.000	4.000
Maroniten	7.000–12.000	vermutlich einige Hundert
Anglikanische Kirche	1.000–1.500	100–200
Evangelisch-Lutherische Kirche	0	100–200
Koptisch-orthodoxe Kirche	einige Hundert	vermutlich weniger als 100
Syrisch-orthodoxe/ syrisch-katholische Kirche	vermutlich einige Hundert	1.000
Äthiopisch-orthodoxe Kirche	einige Dutzend	0
Hebräischsprechende Christen*	30.000–40.000	?
Armenischsprechende Christen	200–300	1.000–2.000
Gemeinden, die in deutscher Sprache, in Englisch, Dänisch ... Gottesdienst feiern	Jeweils einige Dutzend Mitglieder	Gemeinden haben oft nur einige Dutzend Mitglieder
Andere Sprachen (darunter Gastarbeiter aus Indien, den Philippinen, Sri Lanka, Westafrika und Osteuropa sowie 35.000 christliche Asylsuchende aus Eritrea)	bis 160.000 (darunter mind. 60.000 röm.-katholische Christen)	wenige, da die meisten in Tel Aviv / Jaffa

heblich voneinander ab. Die in der Tabelle genannten Zahlen sind daher vorsichtige Circa-Angaben.

Die Wunde der Kirchenleitung

Viele palästinensische Christen, so hört man es offen oder hinter vorgehaltener Hand, leiden unter ihrer Kirchenleitung. Gerade die der griechisch-orthodoxen Kirche angehörenden fühlen sich oft fremdbestimmt oder nicht richtig vertreten, stammen doch Patriarch Theophilos III. und die allermeisten Erzbischöfe und Bischöfe aus Griechenland, Zypern, Kreta oder von den griechischen Inseln.

Auch in anderen Kirchen und kirchlichen Einrichtungen sind Ausländer tätig, darunter Europäer oder Nordamerikaner, aber auch Priester und Ordensleute aus dem Libanon oder dem Irak, aus Syrien oder Ägypten. Der 2015 emeritierte lateinische Patriarch Fuad Twal ist Jordanier. Zahlreiche Auslandsreisen, Aufenthalte in seiner Heimat Jordanien sowie das größte Projekt seiner Amtszeit, die

Palästina	Jordanien	
1.500–5.000	10.000–32.000	
15.000–25.000	90.000–100.000	
15.000–18.000	40.000–80.000	
einige Hundert	?	
800–1.000	niedrige vierstellige Zahl	
800–1.000	einige Hundert	
500–1.000	vermutlich einige Hundert	
	2.000	
vermutlich einige Hundert	vermutlich weniger als 100	
0	–	*darunter römisch-katholische und russisch-orthodoxe Christen
500–700	2.000–3.0000	
vermutlich keine	jeweils einige Dutzend Mitglieder	
vermutlich keine	mind. 50.000 Gastarbeiter sind römisch-katholisch	

katholische Privatuniversität von Madaba, sind bei vielen Gläubigen seiner Diözese nicht gut angekommen. Gerüchte über Misswirtschaft säten zusätzlich Unzufriedenheit. Auch in den Kirchen, in denen Palästinenser das Sagen haben, hört man Klagen: Der Ruf der anglikanischen Diözese hat sehr unter der von Anbeginn bestehenden Feindschaft zwischen Bischof Suheil Dawani und seinem Vorgänger Riah Abu el-Assal gelitten, mit gegenseitigen Anschuldigungen, Polizeieinsatz, Streit um den Eigentumsstatus einer kirchlichen Schule und folgendem siebenjährigem Prozess bis zum Obersten Gerichtshof Israels. Kein Wunder, dass man von Gläubigen hört, ihrem Pfarrer oder Bischof sei alles andere wichtiger als die Seelsorge. Der palästinensisch-christliche Friedensaktivist Daoud Nassar klagt, dass, seit er sein Projekt *Zelt der Völker* vor 15 Jahren startete, weder sein Pfarrer noch sein Bischof jemals das international ausgezeichnete Begegnungsprojekt besucht hätten.

Christen im Heiligen Land begegnen

Gottesdienste mit einheimischen Christen

Bis in die 1990er Jahre war es weitgehend unüblich, dass Pilger den Sonntagsgottesdienst mit einheimischen Christen mitfeierten. Auch bis heute feiern viele Pilgergruppen lediglich für sich Messe, zweifellos an wunderschönen Orten wie Dalmanutha (See-Altar bei der Brotvermehrungskirche) oder im Kirchlein von *Dominus flevit* auf dem Ölberg – aber eben für sich, in der eigenen Sprache, mit ihren Gesängen.

Dieses Buch möchte Sie ermutigen, Ihren Sonntagsgottesdienst bewusst mit einheimischen Christinnen und Christen mitzufeiern: in Jerusalem (zum Beispiel die Vesper in der armenischen Jakobuskathedrale, täglich um 15 Uhr), Nazareth, Jericho oder Beit Jala oder in Kleinstädten und Dörfern, von denen man in Deutschland wahrscheinlich kaum gehört hat: Rameh (Galiläa) und Ramleh (bei Tel Aviv), 'Ibillin (Galiläa), 'Aboud (bei Ramallah), Taybeh/West-Jordanland, Salt oder Madaba (beide in Jordanien), um nur einige zu nennen.

Zur Information darüber sind zwei Internetadressen sowie ein Buch hilfreich: www.cicts.org (unter der Rubrik *Masses & Services*) sowie www.ljp.org. Dahinter verbergen sich das christliche Informationszentrum unweit des Jaffatores in Jerusalem sowie das Lateinische Patriarchat. Auf der erstgenannten Seite findet man unter anderem Öffnungs- und Gottesdienstzeiten heiliger Stätten, aber auch Adressen christlicher Gästehäuser. Auf der Seite des Patriarchats sind alle Pfarreien samt Kontaktdaten aufgelistet.

Wer lieber zum Gedruckten greifen möchte, möge sich im Christlichen Informationszentrum (CIC) oder im schräg gegenüberliegenden Franziskanischen Buchladen (*Fransican Bookshop*) den Schematismus des Heiligen Landes kaufen: *Directory of the Catholic Church in the Holy Land*. Diese Gelben Seiten der katholischen Kirche listen auf über 300 Seiten Kontaktdaten der Nuntiatur, des Patriarchats, aller Pfarreien und Orden, aller katholischen Universitäten und Schulen, medizinischen, sozialen und karitativen Einrichtungen auf.

Zwei Vorbemerkungen zu römisch-katholischen und griechisch-katholischen Messen seien noch erlaubt: Mundkommunion ist Pflicht, Handkommunion unbekannt. Und: Einheimische Christen kommen gerne zu spät, manche fünf, andere 25 Minuten. Daran sollte man sich nicht stören.

Begegnungen an Festtagen im Kirchenjahr

Christliche Pfadfinderinnen am Heiligen Abend beim Einzug des lateinischen Patriarchen auf dem Krippenplatz in Bethlehem.

Was das Besondere ausmacht, Weihnachten und Ostern in Bethlehem oder Jerusalem zu feiern, ist, dass die Ereignisse hier stattfanden. Was damals geschah, vergegenwärtigt man an eben diesem Ort. „Deshalb haben wir nur hier eine Hochzeit von Geographie und Geschichte", sagte mir Tom Stransky, ein viele Jahre in Jerusalem lebender US-amerikanischer Pater.

Wer um Weihnachten das Heilige Land besucht, dem wird klar, dass der 24. Dezember für die meisten Menschen in Israel und den Besetzten Palästinensischen Gebieten ein gewöhnlicher Tag ist, selbst für viele Christen. Denn die orthodoxen Christen griechischer, russischer, syrischer, äthiopischer oder koptischer Prägung feiern erst am 6. und 7. Januar die Geburt des Erlösers. Die armenisch-orthodoxe Kirche beschließt sogar erst am 18./19. Januar den Kreis der drei „Weihnächte" in Bethlehem.

Wer sich am Heiligen Abend unserer Zeitrechnung in Bethlehem befindet, sollte den Einzug des Lateinischen Patriarchen um 13 Uhr 30 nicht verpassen. Für den höchsten Katholiken des Heiligen Landes wird sogar das Metalltor in der israelischen Mauer geöffnet. Dort von der örtlichen Bevölkerung und von Journalisten empfangen, macht er sich auf in Richtung Sternstraße, die auf den Krippenplatz mündet. Neben Kirchenvertretern und vielen Einheimischen erwarten ihn die Pfadfinder-Musikgruppen aus Bethlehem, Beit Jala und Beit Sahour: mit Fanfaren, Trommeln, Dudelsäcken – ein Überbleibsel aus der britischen Mandatszeit. Tee, Kaffee, Süßigkeiten werden feilgeboten, aber auch Luftballons. Ein wenig Volksfeststimmung macht sich breit; und vertreibt für wenige Stunden den grauen Besatzungsalltag.

Natürlich kann man der vom Patriarchen in lateinischer Sprache gefeierten Mitternachtsmesse in Bethlehems Katharinenkirche (neben der Geburtsbasilika) beiwohnen. Meine Empfehlung jedoch ist eine dreifache. Entweder um 17 Uhr den Gottesdienst in der lutherischen Weihnachtskirche Bethlehems im Sprachengemisch Arabisch-Deutsch-Englisch mitfeiern oder die heilige Messe mit Pater Gregor Geiger in einer der Grotten auf den Hirtenfeldern in Bethlehems Nachbarort Beit Sahour oder mit einheimischen römisch-katholischen Christen in Beit Sahour, Bethlehem oder Beit Jala die Geburt Jesu auf Arabisch besingen und bejauchzen. Muss es immer Deutsch sein?

ZUSATZTIPP

Mitternächtliche Fußwallfahrt deutscher Christen von Jerusalem durch Kontrollpunkt und Mauer nach Bethlehem am Heiligen Abend. Information dazu erhält man in der evangelischen Erlöserkirche oder in der Dormitio-Abtei Jerusalem. 2015 wurde dabei eine Namensrolle mit 65.177 Namen, viele mit Gebetsanliegen versehen, nach Bethlehem getragen und dem neugeborenen Kind in der Geburtsgrotte zu Füßen gelegt. Die auch 2017 stattfindende Aktion *Ich trage Deinen Namen in der Heiligen Nacht nach Bethlehem* lädt ein, die Gemeinschaft der Benediktiner sowie soziale Einrichtungen in Bethlehem zu unterstützen. Kontakt: weihnachtsaktion@dormitio.net

Wer am 6. Januar in Bethlehem weilt, kann einen weiteren patriarchalen Einzug miterleben: den des griechisch-orthodoxen Oberhirten. Seine, aber auch die koptisch-orthodoxe, syrisch-orthodoxe und äthiopisch-orthodoxe Kirche feiert nun Weihnachten.

Am 1. Sonntag im Jahreskreis sollte man das *Tauffest Jesu* in Qaser al-Yahud bei Jericho mit den einheimischen orthodoxen Christen nicht versäumen. Am Unterlauf des Jordanflüsschens wird das Wasser gesegnet und man lässt eine weiße Taube gen Himmel fliegen. Die syrisch-orthodoxen Pfadfinder spielen mit ihren Dudelsäcken und Trommeln auf. Hunderte von Gläubigen, meist in feinstem Sonntagsstaat, feiern mit. Besonders beeindruckend ist das flussübergreifende Gebet mit den

Gläubigen auf jordanischer Seite, keine zehn Meter entfernt.

Ende Januar findet in Jerusalem die *Gebetswoche um die Einheit der Christen* statt. Dabei kann man, Abend für Abend in einer anderen Kirche, den archaisch anmutenden Gesängen der Äthiopier, der Armenier und der Syrer lauschen und – wenn sie denn teilnehmen – der Zymbelbegleitung der Kopten. Man hört die wunderbare Rieger-Orgel in der anglikanischen St.-Georgs-Kathedrale oder die nicht minder beeindruckende Orgel in der evangelischen Erlöserkirche. Die Lingua franca dieser Gebete ist Englisch, so dass manche Gebete von allen gesprochen werden können. Im Anschluss lädt die Gastgeberkirche zu einem Imbiss ein.

In der **Fasten- und Passionszeit** finden besondere Gottesdienste und Vigilien an heiligen Stätten statt. So kann man am Ersten Fastensonntag an einer Wallfahrt ins galiläische Nain teilnehmen, Ende Februar wird in einer Eucharistiefeier in *Dominus flevit* des Weinens Jesu über Jerusalem gedacht. Außerdem finden – das ganze Jahr über, aber besonders in der vorösterlichen Bußzeit – Vorträge und Konferenzen in kirchlichen oder archäologischen Instituten statt (meist auf Englisch).

„Etwas, was wir im Westen verloren haben, obwohl es in den Lesungen vorkommt, ist der **Lazarus-Samstag**", erklärt Pater Tom Stransky. In der orthodoxen Tradition beginnt die Karwoche nicht am Palmsonntag, sondern am Samstag davor am Grab von Lazarus. „Man verbindet somit Lazarus als Vorgeschmack auf unsere eigene Auferstehung mit der Auferstehung Christi", erläutert der Paulistenpater. An diesem Samstag nach julianischem Kalender findet seit dem 4. Jahrhundert eine Lazarus-Prozession von Jerusalem nach Bethanien statt. Al-'Azzaryie (arab. für Lazarushausen), das neutestamentliche Bethanien, liegt auf der Rückseite des Ölbergs hinter der israelischen Sperrmauer.

In der **Karwoche** muss man mit Menschenmassen rechnen. Dann halten sich noch mehr Pilgerinnen und Pilger in Jerusalem auf als ohnehin. In manchen Jahren fällt zudem das orthodoxe Osterfest auf unser „westliches" Datum – dann drängeln sich etwa doppelt so viele Pilger wie in normalen Jahren durch die Basargässchen der Altstadt. Fällt auch das jüdische Pessach-Fest auf die Kar- oder Ostertage wird es in Jerusalem fast unerträglich.
Täglich laden mehrere Gottesdienste nach dem lateinischen (also römisch-katholischen) Ritus ein: Gebete, Meditationen, Prozessionen, Messen und Trauermetten. Wer darüber hinaus noch in den Reichtum der anderen Kirchen Jerusalems eintauchen will, findet kaum mehr Zeit zum Schlafen.

Der erste Höhepunkt in der Karwoche ist der **Palmsonntag**: die Prozession am frühen Nachmittag von Betphage über den Ölberg hinunter in die Altstadt Jerusalems. Abertausende von katholischen, aber auch anderen

Fotos auf der rechten Seite
Tauffest Jesu am Jordan: einheimische Christen der syrisch-orthodoxen Kirche bei ihrer Liturgie (oben).
Psalmsonntagsprozession in Jerusalem: Auch die internationale Gemeinschaft der Seligpreisungen singt und tanzt mit.

Christen im Heiligen Land begegnen

Christen singen und beten auf Arabisch und in anderen Sprachen auf dieser fast dreistündigen Prozession, bis sie im Garten von St. Anna den Schlusssegen vom lateinischen Patriarchen empfangen. Man spürt eine ausgelassene Freude bei philippinischen Christen, die als Gastarbeiter in Israel arbeiten, lässt sich anstecken von mitreißenden Gesängen in spanischer Sprache unter Akkordeonbegleitung oder von südamerikanischen Rhythmen. Einheimische Pfarreien entsenden ihre Pfadfindergruppen, die sich auf ihren Instrumenten kräftig hören lassen. Der Kustos der Franziskaner und der Lateinische Patriarch leiten die Prozession gemeinsam, einer der wenigen Anlässe, zu dem die beiden gemeinsam auftreten. Vor den Kirchenoberhäuptern schreiten wie bei jeder wichtigen Prozession in Jerusalem die Kawas, Wächter in osmanischer Tracht mit Fez und Säbel. Mit ihren kunstvoll verzierten Schlagstöcken kündigen sie die Ankunft der Würdenträger an und bahnen ihnen den Weg.

Der nächste Höhepunkt folgt am Gründonnerstag – doch zu welcher Fußwaschung soll man gehen? Schwierig fällt die Wahl in einem Jahr, in dem die Karwoche nach gregorianischem und julianischem Kalender zusammenfallen. Dann stellen sich folgende Fragen: Morgens um 9 Uhr zu den Griechisch-Orthodoxen, die im Vorhof der Grabeskirche die Liturgie begehen? Oder um 14.30 Uhr zu den Armeniern? Die Syrisch-Orthodoxen waschen um 16.30 Uhr zwölf Gemeindemitgliedern die Füße, während am Abend in katholischen und protestantischen Kirchen des Letzten Abendmahles gedacht wird. In der Dormitio waschen die deutschen Benediktiner auch die Füße der Syrisch- und Armenisch-Orthodoxen. Viele Christen statten dem Abendmahlssaal einen Besuch ab oder versinken in stillem Gebet in der Hahnenschreikirche *St. Peter in Gallicantu*. Von dort ziehen sie hinunter ins Kidrontal, vorbei an jahrtausendealten Mausoleen zur *Basilika der Todesangst* neben dem Garten Gethsemani. In ihr befindet sich der Fels, an dem Jesus so allein war. Viele Menschen wollen ihm an diesem Abend nahe sein.

Am Karfreitag begibt sich ab dem frühen Morgen eine Prozession nach der anderen auf die Via Dolorosa. Da sieht man Philippinos, dort eine palästinensische Familie und weiter vorne eine afrikanische Gruppe. An der fünften Station meditieren Theologiestudenten, während eine amerikanische Gruppe den Kreuzweg nachspielt – mit Kostümen, Dornenkrone, Kreuz und Kunstblut.
Um halb zwölf beginnt die größte Prozession, veranstaltet von palästinensischen Christen. Die Gläubigen zwängen sich durch den engen Suq (Basar), vorbei an Gewürz- und Souvenirhändlern, Frisören und Metzgern. Da und dort überholen orthodoxe Juden die christlichen Gläubigen, als ob eine magnetische Kraft sie zur Klagemauer zöge, die nur ein paar Steinwürfe weit weg ist. Vor 2000 Jahren war es wohl ganz ähnlich.
Wegen der zeitlichen Absprachen mit den anderen Kirchen feiert die katholische Kirche ihre Karfreitagsliturgie schon morgens um sieben Uhr am Ort der Kreuzigung in der Grabeskirche. Um Punkt sieben werden die Türen verschlossen. Vorteil: Man wird durch Besuchergruppen nicht gestört.
Eine Zwischenbemerkung: Die Grabeskirche kennt sechs Besitzer. Neben

Fußwaschung der griechisch-orthodoxen Kirche auf dem Vorplatz der Grabeskirche.

den drei „Haupt"-Besitzern griechisch-orthodoxe, römisch-katholische (vertreten durch die Franziskaner) und armenische Kirche sind das die koptische, die äthiopische (Abessinier) und die syrisch-orthodoxe Kirche. Um deren Miteinander (manchmal auch Gegeneinander) in Grabes- und Geburtsbasilika besser einordnen zu können, muss man etwas über den sogenannten Status quo wissen. Dadurch sind das Prozessions- und Gottesdienstrecht sowie die Reinigungspflicht in beiden Kirchen geregelt, aber auch Einzelheiten darüber, wer wo und wann gehen darf, welche Kirche das Öl der Lampen nachfüllen darf oder wie die Teppiche ausgelegt werden. Jedes Recht, das der Status quo verleiht, muss in Anspruch genommen werden, sonst geht es verloren. Die Bestimmungen stammen aus dem Jahr 1852. Damals legte der Sultan in Ermangelung einer besseren Regelung alles so fest, wie es zum damaligen Zeitpunkt üblich war. Das sollte gelten, bis man eine bessere Lösung gefunden hätte. Doch gelten die Regelungen noch heute. Wiederholt ist es in der Grabes- und Geburtskirche wegen Nichtigkeiten zu Handgreiflichkeiten und sogar Schlägereien gekommen – meist zwischen Vertretern der griechisch-orthodoxen und der armenischen Kirche.

Entzünden der Öllampen vor dem Heiligen Grab.

EXPERTENTIPP

Man kann sich eine halbe oder ganze Nacht in der Grabeskirche einschließen lassen. Das Kontingent für Katholiken: 15 Personen pro Nacht. Anmeldung in der katholischen Sakristei der Grabeskirche oder per E-Mail: custodia@custodia.org

Am **Karfreitagabend** legen die Franziskaner um 20.10 Uhr den Gekreuzigten zu Grabe. Eine ein Meter hohe hölzerne Jesusfigur wird vom Kreuz abgenommen, Nagel für Nagel entfernt, der Leichnam in ein Tuch gehüllt, am Salbungsstein gesalbt und im Grab bestattet. Diese Feier, wohl die volkstümlichste der römisch-katholischen Kirche, wird von den Franziskanern seit mindestens 500 Jahren in dieser Form begangen. Dazu finden sich erfahrungsgemäß mindestens so viele orthodoxe wie katholische Christen ein.

Pater Tom Stransky hingegen rät, am Karfreitag nicht die Grabeskirche aufzusuchen. Er selbst bevorzugt die Katharinenkirche in Bethlehem,

wegen der Kreuzverehrung, die über eine Stunde dauern kann. Das ist, so Pater Tom, „einer der bewegendsten Momente für mich. Das kann ich in Jerusalem nicht finden. Die Gläubigen sagen quasi: Unsere Sünden lege ich Dir hin, nicht die der Israelis oder Deutschen."

Gleich nach der Kreuzverehrung verlässt er die Kirche und macht sich auf zu den Melkiten in Jerusalem. Dort begeht er den zweiten Teil von Karfreitag. Deren Gottesdienst hält er für „den lebendigsten Gottesdienst". Es empfiehlt sich, 30 bis 45 Minuten vor Gottesdienstbeginn (17 Uhr) dort zu sein, um einen Stehplatz zu ergattern. „In der östlichen Tradition hat die Auferstehung vor der Erschaffung der Welt stattgefunden und damit die Auferstehung vor der Kreuzigung. Die Auferstehung dominiert alles", so Pater Tom. „Der Gottesdienst hat nichts Düsteres, sondern bereits Triumphierendes an sich, mit Blumen und Bonbons auf Jesu Sarg. Geweihte Bonbons, stellen Sie sich das vor! Wenn die Menschen zu schwitzen beginnen, dann wird eben alle zehn Minuten das Weihrauchfass geschwenkt. Das wirkt wie ein Deodorant. Körperausdünstungen werden zum Weihrauch, der zu Gott aufsteigt und ihn lobt. Der Gottesdienst ist eine gute Kombination, denn du feierst das Kreuz und den auferstandenen Christus im Grab."

„Licht-Samstag": Davon träumen viele orthodoxe Christen auf der ganzen Welt.

Wer am Nachmittag des Karsamstags (allerdings nach dem julianischen Kalender) das Lichtwunder der orthodoxen Christen nicht verpassen will, sollte sich fünf Stunden vorher aufmachen, um einen Stehplatz in der Grabeskirche zu ergattern. Hagere Männchen aus der russischen Provinz und stämmige Großmütterchen aus Zypern scheuen weder Kosten noch Mühen, um diesem Ereignis beizuwohnen. Manch einer sichert sich vorsichtshalber durch eine Übernachtung in der Kirche seinen Stehplatz. Etwa um 14 Uhr erscheint der Klerus. Nach Gebet und Prozession betreten der armenisch-orthodoxe und der griechisch-orthodoxe Patriarch das Heilige Grab, worauf es versiegelt wird. Nach etwa 20-minütigem Gebet reichen sie brennende Fackeln durch zwei Öffnungen der Grabkapelle. Augenblicklich setzt Jubel ein – ein Jubel, den Pater Gregor „an den Jubel in einem Fußballstadion" erinnert. Sofort zünden sich die Gläubigen in der Kirche ihre mitgebrachten Kerzen an den Fackeln an. Schlagartig steigt die Temperatur in der Kirche gefühlt um einige Grade.

Etwa fünf Stunden Zeit hat man, um sich von diesem kräftezehrenden Lichtwunder zu erholen. Dann steht die nächste Ausdauer verlangende Liturgie an: die Osterfeier der äthiopisch-orthodoxen Christen auf dem Dach der Grabeskirche – mit einer fast tanzähnlichen Prozession um eine Rotunde. Unter Trommelschlägen wird Jesus gesucht. Der Klerus schreitet dabei unter riesigen, farbenfrohen, baldachingleichen Schirmen. Um ein

Uhr morgens schließt sich dann die göttliche Liturgie an. Alles in allem dauert der Gottesdienst inklusive Schriftlesungen, Mahlet (Laudes) und eucharistischer Liturgie *Qeddase* acht Stunden.

Die äthiopisch-orthodoxe Kirche ist die am tiefsten im Judentum verwurzelte Kirche. Sie kennt bis heute die Beschneidung, der Sonntag heißt Schabbat der Christen und die Eucharistie wird auf einer Replik der Bundestafeln, dem Tabot, gefeiert. Auch jüdische Speisegesetze werden eingehalten.

Weitere Möglichkeiten zur Mitfeier bieten sich beispielsweise in der russisch-orthodoxen Magdalenenkirche am Ölberg (Osternachtsfeier) oder in der russischen Dreifaltigkeitskathedrale in West-Jerusalem (Vesper am Karsamstag).

Da die Absprachen mit den anderen christlichen Konfessionen genau eingehalten werden müssen, findet die römisch-katholische *Osternachtsfeier* in der Grabes- und Auferstehungskirche noch wie zu Zeiten vor der Liturgiereform am Karsamstag (!) früh um 6.30 Uhr statt. Hier empfiehlt sich, ähnlich wie an Weihnachten, die Mitfeier in einer palästinensischen Kirche. Wer Ostern nach julianischem Kalender in der Grabeskirche feiern möchte, muss früh aufstehen: Um 2 Uhr beginnt die griechisch-orthodoxe Liturgie vor dem leeren Grab, gleichzeitig beginnen die Kopten mit einer Prozession. Um vier Uhr stoßen die Armenier dazu.

Äthiopische Pilger bei der Feier der Osternacht im Zelt auf dem Dach der Grabeskirche.

Kawas, Wächter in osmanischer Tracht, erwarten mit Gläubigen die Prozession der Franzis-

Weitere festliche Ostergottesdienste kann man zuhauf in Jerusalem erleben: in der Dormitio-Abtei, in der evangelischen Erlöserkirche, am Gartengrab in der Nablusstraße oder in den zwei römisch-katholischen Pfarreien Jerusalems, in St. Saviour (Altstadt) oder in St. James (Stadtteil Beit Hanina).

Am Ostermontag führt der Franziskanerpater Gregor Geiger Gläubige auf dem Emmausgang ins palästinensische Emmaus Qubeibe (das ansonsten nur noch am 25. September, dem Festtag der hll. Kleopas und Simon, von Pilgern besucht wird). Am Ende des etwa zwölf Kilometer langen Weges feiert man im Pflegeheim *Beit Emmaus* mit den dortigen Salvatorianerinnen Eucharistie. Andere Gruppen besuchen das von den Kreuzfahrern als Emmaus verehrte Abu Ghosh, wieder andere pilgern in das am weitesten entfernte Emmaus, Nikopolis bei Latrun (ca. 36 km).

An Christi Himmelfahrt machen sich einheimische Christen und Pilger zum Ölberg auf. Dort erinnert die

kaner in der Grabeskirche. Unten: Leuchter im Vorraum des heiligen Grabes (Engelskapelle).

Himmelfahrtsmoschee (!) an Christi Himmelfahrt. Die Achteckform der heutigen Kapelle stammt aus der Zeit der Kreuzfahrer. Nach der Eroberung Jerusalems im Jahre 1187 durch Saladin wurde die Kirche zerstört und die Ruine in eine Moschee umgewandelt, was sie bis heute ist. Darin feiern die Katholiken die einzige erlaubte Eucharistiefeier im Kirchenjahr; die östlichen Kirchen feiern ihren Gottesdienst im Freien. Zelte im Hof schützen die Gläubigen vor der schon starken Frühsommersonne. Einige Hundert Meter nördlich feiern Protes-

Christen im Heiligen Land begegnen 41

Blütenblätter nach der Pfingstmesse, Dormitio, Jerusalem.

tanten in der evangelischen Himmelfahrtskirche auf dem Gelände der Auguste-Victoria-Stiftung einen Festgottesdienst.

Wer **Pfingsten** am Ort des Geschehens feiern will, muss sich zur Dormitio-Abtei aufmachen. Einheimische und Pilger aus aller Welt kommen mit dem Bischof von Jerusalem, dem Lateinischen Patriarchen, dessen Priestern und Seminaristen in die Kirche der deutschen Benediktiner. Im mehrsprachigen Gottesdienst kann man meist eine Firmung miterleben, etwa der Tochter eines deutschen Fernsehjournalisten oder junger Franzosen, die im Heiligen Land leben. Die Gläubigen singen und beten auf Latein, Arabisch und in anderen Sprachen. Am Ende des Gottesdienstes fallen manchmal durch ein Loch in der Kuppel Blütenblätter. Das soll das Herabkommen des Heiligen Geistes symbolisieren. Warum geschieht es nicht jedes Jahr? Nach Pater Elias von der Dormitio soll es eine Überraschung sein. „Der Geist weht, wo er will."

Alle Religionen des Heiligen Landes sehen in Elias/Elijah einen großen Propheten des Alten Bundes. Am **19. und 20. Juli** gedenkt man auf dem Berg Karmel der *Himmelfahrt und Entrückung Elias'* auf dem Feuerwagen. In der Kirche Stella Maris in Haifa, die über der Höhle errichtet wurde, in der der Prophet sich versteckt hielt, beginnen die Feierlichkeiten schon am Vorabend des eigentlichen Festtages. Am eigentlichen Feiertag werden vier Messen in unterschiedlichen Riten gefeiert.

Im Juni 2016 veröffentlichte die römische Kongregation für Gottesdienst und Sakramentenordnung ein

Kirche Duc in Altum in Magdala.

Dekret, das den *Gedenktag der hl. Maria Magdalena* am 22. Juli als Fest für die Weltkirche aufwertete. Die Kirche Duc in Altum (*Fahr ins Weite*) mit dem beeindruckenden Bootsaltar wurde am 28. Mai 2014 neben dem archäologischen Park von Magdala eingeweiht und ist ein Heiligtum, in dem Maria Magdalena und die Frauen, die Jesus folgten, in besonderer Weise verehrt werden. Alljährlich um den 22. Juli feiern einheimische Gläubige und Pilger das Fest der hl. Maria Magdalena in ihrer Geburtsstadt am See Genesareth.

Am 2. August feiert die griechisch-orthodoxe Kirche das *Fest des Heiligen und Propheten Elijah (Elias)*. Ziel ist das Mar-Elias-Kloster am Stadtrand von Jerusalem, unweit des Armee-Kontrollpunktes zu Bethlehem. An diesem Ort soll der Heilige bei seiner Flucht vor der rachesuchenden Isebel gerastet haben. Nicht nur einheimische Christen mit Kind und Kegel kann man an diesem Festtag sehen, sondern auch Palästinenser muslimischen Glaubens, die diesen Heiligen auf ihre Weise verehren. Manche bringen Brote, Olivenöl oder Kerzen als Gaben zum Kloster. Die Brote werden gesegnet und an die Pilger verteilt. Beliebt ist bei den einheimischen Christen das anschließende Picknick unter Olivenbäumen vor der Kirche.

Am 6. August pilgern Hunderte von Christen aus Israel und aus den Palästinensischen Gebieten (vorausgesetzt, und das gilt immer bei Orten innerhalb Israels, sie sind im Besitz von Passierscheinen) zum 588 Meter hohen Berg Tabor. Dem Gottesdienst auf Lateinisch und Arabisch zum *Fest der Verklärung des Herrn* steht der Kustos der Franziskaner vor. Nach

Die römisch-katholische Verklärungskirche auf dem Berg Tabor (erbaut 1924).

der Messe zieht die Gemeinde in einer feierlichen Prozession zu einem Kapellchen, wo der Kustos Zweige von Bäumen des Berges Tabor an die Gläubigen verteilt. Einheimische lassen den Tag mit einem Picknick auf dem Berg der Verklärung ausklingen.

Am **14. bzw. 27. September** gedenkt die Kirche der *Kreuzerhöhung* und des Zeigens des wiedergefundenen Kreuzes am Tag der Einweihung der Grabeskirche im Jahr 335. Allein schon der Einzug des Klerus in die Grabeskirche – üblich an allen Hochfesten oder beispielsweise auch bei der Einführung eines neuen Kustos oder Patriarchen – ist sehenswert: Je nach Anlass sind auch Wächter anderer Kirchen in osmanischer Tracht mit „Schlagstöcken" dabei, die dem Patriarchen oder Kustos den Weg bahnen. Beim griechisch-orthodoxen Fest der „Erhöhung des ehrwürdigen und lebensspendenden Kreuzes" ziehen nach einem festgelegten Protokoll der Patriarch, Erzbischöfe, Bischöfe, Diakone, Hierodiakone, Kreuzträger mit Vertretern des griechischen Konsulats und Gläubigen vom Jaffator zur Kirche, wo ein Gottesdienst mit Prozessionen gefeiert wird. Auf Golgotha, sozusagen im ersten Stock der Grabeskirche, wird das Kreuz sodann in alle vier Himmelsrichtungen ausgerichtet, um das Universum zu segnen. Darauf folgt die Kreuzverehrung durch Patriarch, Klerus, Ehrengäste und Gläubige.

Das *Fest Maria Königin Palästinas* wird alljährlich **Ende Oktober** in Deir Rafat begangen, etwa auf halbem Wege zwischen Jerusalem und Tel Aviv. Im Anschluss an die Messe mit Patriarch, Bischöfen und vielen Geistlichen aus nah und fern findet die traditionelle Prozession mit der Ikone der Jungfrau Maria statt. Erfahrungsgemäß nehmen weit über 1000 Christen aus Israel und den Besetzten Palästinensischen Gebieten an diesem Fest teil.

Als letztes Fest im Jahreskreis sei das *Brotvermehrungsfest* in Tabgha am See Genesareth vorgestellt. Alljährlich **am zweiten Samstag im November** lädt das Priorat Tabgha der deutschen Benediktiner zum Festgottesdienst ein. In einem Bibelschauspiel setzen palästinensisch-christliche Kinder das Wunder in Szene: Ein kleiner Junge bringt Brote und Fische, der Herr dankt und lobt den Vater im Himmel und teilt aus. Manchmal gestaltet ein Kirchenchor aus Galiläa den Gottesdienst mit. Danach unterhält man sich bei Brot und Gebäck im Garten der paradiesisch anmutenden Anlage am See.

Begegnungen in ihren Heimatorten oder Einrichtungen

Die folgenden Vorschläge zu Begegnungen und Besuchsmöglichkeiten beginnen dort, wo es diese zuhauf gibt: in Jerusalem und Bethlehem. Dann geht die Reise ins südliche West-Jordanland, worauf ich die Mitte und den Norden desselben vorstelle. Zum Schluss zeige ich Begegnungen in Israel und Jordanien auf.
Alle Organisationen oder Einrichtungen, die ich aus eigener Anschauung kenne, sind ausführlich beschrieben und mit einer Zahl markiert, die sich auf der Karte im Anhang wiederfindet. Einrichtungen, die ich nur mit einem Halbsatz erwähne, habe ich noch nicht besucht; sie wurden mir allesamt von zuverlässiger Seite empfohlen und sind deshalb auch verzeichnet.

Altstadt Jerusalem

Wir betreten die Altstadt durch das im Westen liegende Jaffator (engl. Jaffa Gate, arab. Baab al-Chalil = Hebrontor!), das viel breiter als die anderen Tore ist. Der von manchen Reiseleitern genannte Grund – Kaiser Wilhelm II. hätte auf seiner Orientreise 1898 mit seiner Kutsche in die Altstadt einfahren wollen, weswegen das Tor verbreitert wurde – entspricht nicht der Wahrheit.
Nach wenigen Schritten biegen wir links in die Patriarchatsstraße ab, worauf man links bald das *Katholische Menschenrechtszentrum St. Yves* 01 entdeckt. Hier kann eine Begegnung in Form eines Einführungsvortrags samt Diskussion stattfinden. Ein Gespräch mit dem Direktor, einem Menschenrechtsanwalt oder der Pressereferentin wird europäischen Besuchern die Augen für viele Facetten des Konflikts öffnen und bereitet einen somit gut auf weitere Begegnungen vor. Das Menschenrechtszentrum *St. Yves* stellt Palästinensern kostenlosen Rechtsbeistand zur Verfügung: sei es, dass jemand seinen Umzug von Gaza nach Bethlehem registrieren lassen oder die Familienzusammenführung beantragen will. Aber warum muss man um vermeintliche Selbstverständlichkeiten kämpfen? Das eigentliche, uns zunächst unverständlich erscheinende Problem ist, dass die meisten Palästinenser ihre Rechte nicht kennen. Zweitens müssen sie einen Antrag in hebräischer Sprache stellen (obwohl Arabisch die zweite offizielle Sprache ist), woran viele scheitern. Sie benötigen professionelle Hilfe beim Übersetzen und Ausfüllen. Derzeit arbeiten 21 Mitarbeiter – Christen, Muslime und ein Jude – bei St. Yves, das auch von *Misereor* und *MISSIO* unterstützt wird. Die Bandbreite der Themen umfasst das Aufenthaltsrecht in Jerusalem, Bewegungsfreiheit, Landbeschlagnahmung und Hauszerstörung. Laut St. Yves leben in Ost-Jerusalem etwa 60.000 Palästinenser, die schwarz gebaut haben, mit der Angst vor Hausabriss – bei 1.600 anhängigen Abrissbefehlen.

LESETIPP

Society of St. Yves: Palestinian Families under Threat. 10 Years of Family Unification Freeze in Jerusalem, 2013.

Das Jaffator ist eines der sieben offenen Tore, durch die man die ummauerte Altstadt Jerusalems betreten kann.

Folgt man von St. Yves der Straße weiter bergan, stößt man auf das *Lateinische Patriarchat* 02 . Dem Mitte des 19. Jahrhunderts wiedererrichteten Patriarchat unterstehen nicht nur Pfarreien in Israel, Jordanien, Zypern und den besetzten Palästinensischen Gebieten, sondern auch 44 Schulen mit 22.000 Schülern. Diese Schulen vom Kindergarten bis zur 12. Klasse ermöglichen eine von christlichem Geist geprägte Bildung für alle Schüler, gleich welcher Religion oder sozialen Herkunft. Etwa ein Drittel der Schülerschaft ist muslimischen Glaubens. So genannte „pastorale Missionen" für anderssprachige Gläubige gehören auch zum Aufgabengebiet des Patriarchats. Dazu zählen hebräisch-sprachige Gemeinden mit Katholiken jüdischer Herkunft sowie christlichen Ehepartnern von Juden, aber auch Gastarbeiter aus Rumänien, Sri Lanka, den Philippinen und Afrika. Sowohl der einzige Deutsche im Patriarchat, P. Bernt Besch, als auch der im September 2016 als Apostolischer Administrator des lateinischen Patriarchats ernannte Erzbischof Pierbattista Pizzaballa stehen für ein Gespräch über die Lage der Kirche im Heiligen Land zur Verfügung.

Die sich nun verengende und dadurch autofreie Gasse führt nordwärts und nach wenigen Minuten erblickt man zur Linken den *Knights Palace,* den Ritterpalast, ein altehrwürdiges christliches Gästehaus im Besitz des Lateinischen Patriarchates. Die Gasse macht einen Bogen nach rechts und nach nicht einmal 50 Metern gelangt man an eine T-Kreuzung: Nach links kommt man geradewegs zum Neuen Tor, dem Zugang nach West-Jerusalem, der jüdischen Neustadt. Auf diesen nicht einmal 100 Metern passiert man zwei christliche Schulen – links die *Frère-*

Hilfe zur Selbsthilfe ist das Motto des Melia-Frauenzentrums, das sich dem fairen Handel verpflichtet weiß.

Schule 03 und direkt vor dem Neuen Tor die *Terra-Santa-Schule* 04 der Franziskaner.

Geht man an besagter T-Kreuzung den Stufenweg altstadteinwärts, lädt nach wenigen Schritten das Geschäft einer palästinensisch-christlichen Frauenkooperative Pilger ein: das *Melia Centre* 05 der *Arab Orthodox Society* für Stickerei- und Handarbeitsprodukte. Hier man kann Einbände für Gesangbücher erstehen, jedoch auch Tischdecken und Kissenbezüge. Beim Stöbern kommt man erfahrungsgemäß palästinensisch-unproblematisch mit einheimischen christlichen Frauen ins Gespräch.

Nach wenigen Minuten steht man an der nächsten T-Kreuzung: Geradeaus kommt man zur *Casa Nova,* dem Gästehaus der Franziskaner. Biegt man nach links in die St. Francis Street ab, steht man nach wenigen Metern in einer Unterführung, über der sich der Komplex des Franziskanerklosters erhebt, mit Wohngebäuden, Druckerei und der *Pfarrkirche St. Saviour* 06 im 1. Stock (!), in der seit 2008 eine Rieger-Orgel aus Vorarlberg erklingt. Hier laden vier Sonntagsgottesdienste zum Mitfeiern ein: Um 9.30 Uhr ist das Amt für die Pfarrgemeinde, um 11 Uhr erscheinen viele Kinder, Jugendliche und junge Erwachsene der Pfarrgemeinde in feinstem Sonntagsstaat zur Messe. Sehen und Gesehen werden ist in einer Gesellschaft, in der das Zusammensein beider Geschlechter nach wie vor reglementiert ist, sehr wichtig, wofür die Kirche eine unbedenkliche Plattform bietet.

Ein anderer Ort, an dem man – noch dazu in deutscher Sprache – etwas zur Lage der Christen erfahren (sowie einkehren und nächtigen) kann, ist das *Österreichische Hospiz Zur Heiligen Familie* 07. Das Haus in der Via Dolorosa 37, im muslimischen Viertel mitten im Basar, gilt als neutraler Treffpunkt für alle. Vor allem im Wiener Kaffeehaus kehrt man gerne ein; hier treffen sich auch israelische Juden und Palästinenser. Dazu zählt beispielsweise die *Interfaith Encounter Association IEA* (auf Deutsch etwa: Verein für Interreligiöse Begegnungen), zu der landesweit 48 Gruppen zählen. Sie wollen voneinander lernen: beispielsweise über die Gottesvorstellung oder das Konzept des Himmels in der jeweiligen Religion. Sie treffen sich eher untereinander, ein Gespräch mit dem Vorsitzenden ist sicher möglich.

Sowohl Hospiz-Rektor Markus St. Bugnyar als auch Schwester Bernadette stehen als Gesprächspartner zur Verfügung. Erwähnung verdient das Kulturprogramm des Hauses: Neben Vorträgen, Symposien, Buchpräsentationen und Konzerten holt das kurz ÖH genannte Haus immer wieder ausgezeichnete Ausstellungen ins Haus.

Nach Renovierungsarbeiten ist das Haus seit 1988 wieder zu seiner ersten Bestimmung zurückgekehrt: Es dient als Gästehaus für Pilger und Touristen sowie als Bildungshaus. Zukünftig soll noch eine Facette hinzukommen: Die *Austrian Hospice Academy* soll Interessenten aus Europa Studienaufenthalte ermöglichen.

> **TIPP**
>
> Gönnen Sie sich für 5 NIS (Neue Israelische Schekel), etwa einen Euro, einen grandiosen Blick von der Dachterrasse.

Die Aussicht von Ecce Homo ist genauso spektakulär wie vom Österreichischen Hospiz.

Etwa 100 Meter weiter kann man im *Ecce-Homo-Konvent* 08 mit den Sionsschwestern Sr. Rita oder Sr. Trudy über das jüdisch-christliche Verhältnis ins Gespräch kommen (engl.).

Fast am Ende der Via Dolorosa, in der *Evangelischen Erlöserkirche* 09, finden sich die nächsten Gesprächspartner. In dem 1898 durch Kaiser Wilhelm II. eingeweihten Gotteshaus feiern mehrere Gemeinden ihre Gottesdienste: Neben der deutschsprachigen sind das die arabisch-, englisch-, dänisch- und niederländischsprachige Gemeinde. An Festtagen wie Weihnachten betet und singt man gemeinsam auf Arabisch und Englisch. Propst Wolfgang Schmidt ist ebenso zum Gespräch mit Gruppen bereit wie seine auf dem Ölberg tätige Kollegin Pfarrerin Gabriele Zander.

Propst Wolfgang Schmidt, Repräsentant der EKD im Heiligen Land.

Der Pfarrer der arabischsprachigen Kirchengemeinde, Ibrahim Azar, spricht ausgezeichnet Deutsch und freut sich über Mitfeiernde im Sonntagsgottesdienst um 9 Uhr. Danach kommt man beim Kirchenkaffee mit palästinensischen Lutheranern ins Gespräch. Wer behutsam nachfragt, wird bald einer der zahlreichen Sorgen des Pfarrers gewahr. So vermutet der Qassis (arab. für den protestantischen Pfarrer), dass etwa 100 Familien seiner ohnehin kleinen Gemeinde ausgewandert sind. Die noch verbliebene Schar ist dreigeteilt: 55 % leben in Altstadtnähe; ein Viertel lebt zwischen dem Armee-Kontrollpunkt und der israelischen Trennmauer und der Rest jenseits derselben. „Das zerstückelt die Gemeinde und macht es fast unmöglich, dass die Kirchengemeinde geschlossen zusammenkommt", so Pfarrer Ibrahim.

Neben der VIII. Kreuzwegstation liegt der *Christus-Treff im Johanniterhospiz* 10 . Seit 1993 wohnen und arbeiten hier wechselnde Teams des Christus-Treffs Marburg. Fünf Zimmer mit 14 Betten warten auf Gäste. Diese sind herzlich zu den morgendlichen Andachten eingeladen, es besteht zudem die Möglichkeit für seelsorgerliche Gespräche. Zum Vortragsabend mit Gebet donnerstags um 20 Uhr ist jeder Interessent willkommen. „Mit den Jahren ist unser Haus zu einem Ort der Begegnung für Volontäre, Pilger und Touristen geworden. Dabei ist es uns wichtig, Teil der Bemühungen um Versöhnung und Verständigung zwischen verschiedenen politischen und konfessionellen Fronten im Land zu sein", so das Credo der deutschen Christen.

> **TIPP**
>
> Gehen Sie vom Johanniterhospiz an der VIII. Kreuzwegstation vorbei weiter bergauf. Nach fünf Minuten sehen Sie links gelb-orangefarbene Verschläge. Das ist das kleine, feine Geschäft *Photo Elia* 11 . Neben atemberaubend schönen Schwarz-Weiß-Fotos aus den 1910er bis 1930er Jahren (zum Beispiel Zeppelin, über dem Felsendom schwebend, oder Kamelkarawane) wird Ihnen der fünfsprachige Fotograf auch etwas über die Armenier oder die abenteuerliche Überlebensgeschichte seines Vaters erzählen. Adresse: 14 Al Khanka Street. Internet: www.eliaphoto.com

Innerhalb der Altstadtmauern warten weitere Gesprächspartner auf den Besucher, der nicht nur tote Steine sehen, sondern lebendigen zuhören möchte. Auf dem Gelände der Kreuzfahrerkirche St. Anna beim Bethesda-Teich (Nähe Löwentor, das auch Schafs- oder Stefanstor heißt) befinden sich zwei christliche Einrichtungen, die einen Besuch lohnen. Das *Ecumenical Accompaniment Programme in Palestine and Israel (EAPPI)* 12 wurde 2002 nach einem Hilfeschrei Jerusalemer Kirchenoberhäupter ge-

gründet und wird durch den Weltkirchenrat koordiniert. Seitdem haben über 1.500 Freiwillige als „ökumenische Begleiter" (engl. Kürzel EAs) einen Dienst in Israel oder Palästina geleistet. Die Aufgabe der 25- bis 70-jährigen Friedensaktivisten kann in einer Schutzpräsenz bestehen, etwa in einem palästinensischen Dorf, das regelmäßig von jüdischen Siedlern angegriffen wird, oder in der Begleitung von palästinensischen Schülern, die auf ihrem Weg Armeekontrollpunkte passieren müssen. Andere EAs unterstützen israelische und palästinensische Friedens- und Menschenrechtsaktivisten. Zu den Aufgaben der EAs gehört auch das Verfassen von Berichten sowie das Führen von Gruppen (ein- bis dreistündige Touren). Zu erkennen sind sie an ihren ockerfarbenen Westen, auf deren Rückseite eine auf Stacheldraht sitzende Friedenstaube zu sehen ist. Die Friedensaktivisten auf Zeit, die auf sechs Einsatzorte im Heiligen Land verteilt werden, kommen aus 22 Ländern, von Australien über Südafrika bis hin zu Brasilien; auch aus Deutschland, Österreich und der Schweiz.

TIPP 1
EAPPI bietet Vorträge und Touren auch in anderen Orten (z. B Bethlehem) bzw. Regionen des West-Jordanlandes (z. B. Jordantal) an.

TIPP 2
Die *Placement Fact Sheets* des EAPPI zu verschiedenen Facetten des Konflikts und der Besatzung sind anschaulich und bündig.

Im selben Gebäude hat auch das *Jerusalem-Interchurch-Centre (JIC)* 13 sein Büro, das Sprachrohr der Christenheit im Heiligen Land. Bei so vielen Kirchen ist es mehr als verständlich, dass die Kirchenoberhäupter eine gemeinsame christliche Anlaufstelle forderten. 2002 wurde deshalb das JIC geschaffen, „um als ökumenische Plattform für christliche Organisationen zu fungieren", erklärt Geschäftsführer Yousef Daher. Der 50-jährige palästinensische Christ ist Vater von fünf Kindern und gebürtig aus Jerusalem. Er und eine von der schwedischen Kirche entsandte Kollegin kooperieren eng mit dem Nahostkirchenrat MECC, dem Ökumenischen Rat der Kirchen und dessen „Kind" EAPPI. Ihr täglich Brot heißt: Situationsanalyse, Fürsprache-(advocacy-) und Öffentlichkeitsarbeit, Informationsweitergabe, Stärkung der lokalen Kirchen sowie die Organisation von Besuchen und Begegnungen für kirchliche Würdenträger, Politiker oder Presseleute aus dem Ausland. So brachte man auch Papst Franziskus mit palästinensischen Christen ins Gespräch.

Yousef Dahers eindringlicher Appell lautet: „Sie müssen uns helfen, Druck auf Israel auszuüben, diese Besatzung zu beenden. Die tötet uns nämlich. Üben Sie über Ihre Kirchen Druck auf Ihre Regierungen aus, dass das hier aufhört. Gibt es in absehbarer Zeit keine Konfliktlösung, werden wir noch mehr Christen verlieren, vor allem in Ost-Jerusalem und im Raum Bethlehem. Die Lage der palästinensischen Christen, vor allem in Ost-Jerusalem, ist miserabel."

Außerhalb der Altstadt Jerusalems

Der Besucher verlässt die Altstadt durch das Neue Tor, das Jerusalem dem schwäbischen Tausendsassa Conrad Schick – Schlosser, Uhrmacher, Modellbauer, Missionar, Archäologe, Architekt, Stadtbaumeister – verdankt, der es im 19. Jahrhundert in die Mauer brechen ließ. Hat man die Straßenbahnschienen überquert, gehe man 50 Meter in Richtung Neustadt. Man steht nun vor einem imposanten Gebäude mit blauen Fensterläden, dem französischen Krankenhaus *St.-Louis-Hospiz* 14 . Im Hospiz für palliative Onkologie werden auch Aidspatienten und chronisch Kranke nach Schlaganfall in der letzten Lebensphase gepflegt. Die Direktorin ist Schwester Monika Düllmann SJA (52); sie stammt aus Düsseldorf und gehört dem Orden der *Josefschwestern von der Erscheinung* an.

Die lebensfrohe Krankenschwester und Theologin pflegt Gruppen mit einer heiteren Geschichte zu begrüßen. Dabei geht es um ein Gebiss. Nach Ende des 1. Israelisch-Arabischen Krieges besetzte Jordanien den Ostteil Jerusalems. St. Louis lag damit plötzlich an der Grenze auf israelischer Seite; vor dem Haus war Niemandsland. Eines Tages (im Jahr 1954) stand ein Patient am Fenster und nieste. Das Gebiss flog heraus und landete im Niemandsland. Die Nonnen informierten das israelische Außenministerium. Ein Waffenstillstand wurde ausgehandelt. Dann machte sich eine Delegation mit einem israelischen, jordanischen und einem französischen UNO-Soldaten sowie einer Schwester mit weißer Fahne auf die Suche nach dem Gebiss. Und sie wurden fündig. Wie zum Beweis reicht Schwester Monika freudestrahlend den Bildband *Israel durch mein Objektiv* von David Rubinger mit dem Beweisfoto durch die Runde.

Im „Klein-Frankreich" Jerusalems arbeiten 60 Israelis und Palästinenser zusammen, Juden, Muslime und Christen. Auch die 50 Patienten kommen aus allen Religionen. Das bedeutet dreimal so viele Feste, sagt Schwester Monika verschmitzt, führt aber auch ständig zu bewegenden Momenten: Einmal stand der Hausrabbiner (Schwester Monika nennt ihn „jüdischen Klosterrabbiner") am Sarg einer Mitschwester in der Kapelle, die er als Jude gar nicht betreten darf. Er meinte nur: „Wir kennen uns schon zehn Jahre, das bin ich der Schwester schuldig." Dann trug er den Sarg mit. Es war eine Beerdigung mit Sargträgern aus drei Religionen.

Jenseits von Politik oder Religion sei eben ganz viel „auf menschlicher Ebene" möglich, führt Schwester Monika aus. „Das ist das Geschenk unserer Patienten an uns: Da es ihnen so schlecht geht, sieht jeder ein, dass Unterschiede von Religion, Rasse, Reichtum einfach nicht mehr zählen."

Geht man an der Altstadtmauer ostwärts in Richtung Ölberg, gelangt man an das Damaskustor. Ihm gegenüber liegen mit dem *Schmidt's Girls College* und dem *Paulushaus* 15 zwei Einrichtungen des *Deutschen Vereins vom Heiligen Lande DVHL*. Ende des 19. Jahrhunderts regte Pater Wilhelm Schmidt den Bau eines Pilgerhospizes in Jerusalem an. Kaiser Wilhelm II. unterstützte diesen Plan und ermöglichte es dem DVHL, ein Grundstück vor dem Damaskustor zu kaufen. Die Schule für aktuell 511 christliche und muslimische Mädchen wird vom Verein getragen und zählt zu den führenden pädagogischen Einrichtungen im Land, ihr wurde das Gütesiegel *Exzellente Deutsche Auslandsschule* verliehen. Sie freut sich über den Besuch von Pilgergruppen (rechtzeitige Anmeldung erbeten). Auf dem gleichen Gelände hat Georg Röwekamp sein Büro, der seit 2016 DVHL-Repräsentant in Jerusalem ist und gerne mit Pilgergruppen spricht.

Direktor Pfr. Ateek: „Beziehen Sie Stellung für einen gerechten Frieden."

TIPP

Gäste des Paulushauses sollten dreierlei besuchen: das Kaiserzimmer, das Museum im Keller (Modelle von Conrad Schick u. v. m.) und die Dachterrasse.

BUCHTIPP

Im Buch „*Miss, wie buchstabiert man Zukunft?*" beschreibt Margret Greiner ihre Zeit als Deutschlehrerin an der Schmidtschule.

Um dem palästinensischen Zentrum für Befreiungstheologie *Sabeel* 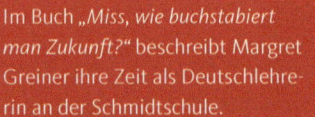 einen Besuch abzustatten, sollte man einen Bus vom arabischen Busbahnhof in der Nablusstraße, 100 Meter vom Paulushaus entfernt, in Richtung Beit Hanina oder Shu'afat nehmen. „Die Staatsgründung Israels war für uns eine dreifache Nakba, Katastrophe: eine humanitäre – denn 75.000 Palästinenser allein aus Haifa mussten fliehen oder wurden vertrieben, insgesamt traf dies drei Viertel der palästinensischen Bevölkerung. Zweitens war es eine Identitäts-Nakba: Wer waren wir? Man gab uns drei Namen: Araber des Staates Israel, Nicht-Juden und anwesend Abwesende; zum Dritten: die theologische Nakba. Diese war die größte von allen. Wir konnten das Wort Israel nicht mehr hören. Die Bibel wurde gegen uns benutzt, um alles Mögliche zu rechtfertigen. Mein Vater empfand die Staatsgründung Israels als Unrecht, für meine Mutter war es Gottes Wille", so erläuterte Sabeel-Mitarbeiterin Cedar Da'ebis (geb. 1936, aus Haifa stammend) einer Gruppe des Evangelischen Bildungswerks Bremen die Wirren um die Staatsgründung Israels.

Sabeel (arab. Weg, Brunnen, Wasserquelle) entstand 1993 infolge der 1. Intifada. Der Gründer, der palästinensische Pfarrer Naim Ateek von der anglikanischen Kirche, war immer mehr zur Überzeugung gekommen, dass die Kirche sich mehr in die Gesellschaft einmischen müsse: „Die Kirchenführer redeten zwar schön, taten aber nichts für Gerechtigkeit, es waren nur Lippenbekenntnisse. Die Christen im Heiligen Lande befanden sich am Rande der politischen Landschaft. Spiritualität war ohne politische Konsequenzen; gleichzeitig gingen Landbeschlagnahmung und Entmenschlichung weiter. Mir schwebte ein Zentrum für Friedensstiftung vor, verbunden mit einem prophetischen Auftrag." Von Anfang an hat die Mitarbeiter die Frage begleitet: Was bedeutet die Frohe Botschaft für uns Palästinenser in einem Alltag, der von Militärbesatzung und Unfreiheit gekennzeichnet ist?

Im Hauptbüro in Ost-Jerusalem arbeiten palästinensische Christen verschiedener kirchlicher Traditionen zusammen, in Nazareth existiert eine Filiale. Durch internationale Konferenzen und Vortragsreisen versucht Sabeel auf die Lage der palästinensischen Christen aufmerksam zu machen. Das geschieht auch durch den dreimal jährlich auf Englisch erscheinenden Rundbrief *Cornerstone*. Sabeel hat ein Jugend- und Frauenprogramm, organisiert Bibelkreise und Gottesdienste sowie Begegnungen zwischen Pilgergruppen und palästinensischen Christen.

Südlich der Altstadt befindet sich eine weitere Einrichtung des DVHL, die *Dormitio-Abtei* 17 . 1910 wurde die Kirche im Beisein von 720 Pilgern aus Deutschland eingeweiht; sie hatten sich per Eisenbahn und Schiff auf den Weg nach Jerusalem gemacht, um der Einweihung des „Mariendomes auf dem Sion" beizuwohnen. Das Gotteshaus der *Entschlafung Mariens* liegt in unmittelbarer Nachbarschaft zu Davidsgrab und Abendmahlssaal (hier sei erwähnt, dass die syrisch-orthodoxe Kirche Besuchern gerne ihren eigenen Abendmahlssaal in Jerusalems Altstadt zeigt). Sie ist bis heute an diesem exponierten Ort im Niemandsland zwischen Ost- und West-Jerusalem ein Ort des Gebets um den Frieden.

Vom Jaffator aus kann man die Abtei entweder durch das armenische Viertel erreichen oder indem man außen an der Altstadtmauer nach Süden geht und beim griechisch-orthodoxen Priesterseminar nach links abbiegt.

TIPP

Herzliche Einladung jeden Donnerstag um 12 Uhr zum ökumenischen Gottesdienst im Sabeel-Büro. Um Voranmeldung wird gebeten.

Begehrter Gesprächspartner: P. Nikodemus, in der Mitte, mit Pilgern.

In Abtei, Geschenkladen oder Cafeteria spricht man deutsch. In Letzterer kann man ungezwungen mit dort tätigen Volontären ins Gespräch kommen, bei Mount-Zion-Cake oder Benediktiner-Weißbier. Wer jedoch den Abteisprecher für ein Gespräch gewinnen will, sollte sechs bis zwölf Monate im Voraus anfragen.

Erwähnenswert ist das vom früheren Abt Laurentius Klein 1973 initiierte hochgeschätzte Studienjahr. Für zwei Semester studieren katholische und evangelische Theologiestudenten aus dem deutschsprachigen Raum gemeinsam im Beit-Yosef-Gebäude der Dormitio. Wer nach einem intensiven Auswahlverfahren angenommen wird, darf in Jerusalem nicht nur in die Theologie eintauchen, sondern vor allem in Ostkirchenkunde, Judentum, Islam und biblische Archäologie. Mehr als 1.000 Studierende haben das neunmonatige Intensivprogramm absolviert, seit August 2016 läuft das 43. Studienjahr mit elf Studentinnen und fünf Studenten unter dem Leitwort *Religion zwischen Mystik und Politik*.

TIPP

Zwischen August und Ostern lädt das Studienjahr abends israelische Menschenrechtsaktivisten, deutsche Auslandskorrespondenten oder palästinensische Schriftsteller zu Vortrag und Diskussion ein. Pilger sind willkommen, sollten sich aber unter studienjahr.sekretariat@dormitio.net anmelden.

Das Princess Basma Center, unterstützt unter anderem von der EU.

Weitere Begegnungsmöglichkeiten bestehen beispielsweise auf dem Ölberg: im *Auguste-Victoria-Pilgerzentrum* der evangelisch-lutherischen Kirche 18 (mit Café *Auguste Victoria* und Kino *Cinemateum Victoria*) oder beim *Deutschen Evangelischen Institut für Altertumswissenschaft des Heiligen Landes (DEIAHL)* 19 .

Das der anglikanischen Kirche angegliederte *Princess Basma Center PBC* 20 freut sich ebenfalls über Besucher. 1965 gegründet, werden in der Vorzeigeeinrichtung in erster Linie Kinder und Jugendliche, jedoch auch Erwachsene mit unterschiedlichen Behinderungen behandelt: von ADHS und Kinderlähmung über Muskelerkrankungen bis hin zu Autismus. Physiotherapie, Logopädie, Ergo- und Musiktherapie gehören ebenso zum Behandlungsprogramm wie Hydrotherapie und psychosoziale Betreuung. 2015 hat das PBC mit seinen Außenstellen fast 2.500 Menschen erreicht, darunter 800 Kinder aus dem West-Jordanland, Jerusalem und dem Gaza-Streifen. Ein spezielles Angebot an Mütter soll diese im Reha-Prozess ihrer Kinder unterstützen und fortbilden. Zur Einrichtung gehören auch die Princess-Basma-Inklusionsschule und eine beschützende Werkstatt, in der derzeit 23 Personen ausgebildet werden.

Folgt man der Straßenbahn in die Jaffa-Straße hinein, gelangt man, die Hauptpost links liegen lassend, nach fünf bis zehn Gehminuten zum Zionsplatz (Kikar Zion). Anstatt nun nach links in die Fußgängerzone Ben Yehuda einzubiegen, geht man rechts in die Rabbi-Kook-Straße. In der 10 HaRav Kook St. (die Hausnummern werden in Israel dem Straßennamen vorangestellt) befindet sich im *Hll. Simeon und Anna-Haus* die *hebräischsprechende römisch-katholische Gemeinde* 21 . Hier wird sonn- und werktags um 18.30 Uhr ein Gottesdienst in hebräischer Sprache gefeiert. Wer nun meint, dass es sich bei der Pfarrei hauptsächlich um jüdische Konvertiten handelt, irrt. Diese sehr bunte Gemeinde besteht überwiegend aus in Jerusalem lebenden Europäern und Amerikanern sowie aus asiatischen Migranten, Gastarbeitern sowie Ehepartnern von jüdischen Bürgern. Zu den wenigen Konvertiten gehören die über 90-jährige Schwester Regine NDS (Kongregation *Unsere Liebe Frau vom Sion*), ein Gründungsmitglied der Gemeinde, sowie der in Südafrika als Sohn deutscher Juden geborene P. David Neuhaus SJ. Um mit beiden sprechen zu können, gehört Glück dazu, weil sie vielbeschäftigt sind.

Bethlehem

Die circa 30.000 Einwohner zählende palästinensische Stadt liegt seit 2002 hinter der israelischen Trennbarriere. Der lutherische Pfarrer Raheb sagt dazu: „Die Mauer ist bis zum letzten Haus in Bethlehem gebaut. Das heißt: Die Stadt kann nicht wachsen. Das ist ein krimineller Akt. Bethlehem, die Wiege der Christenheit, ist zu einem großen Gefängnis geworden."
In diesem „Gefängnis" lädt fast an jeder Straßenecke eine christliche Einrichtung zum Besuch ein. Entweder handelt es sich um eine Schule, ein Krankenhaus oder eine der zahlreichen NGOs (Non-Governmental Organizations/Nicht-Regierungsorganisationen). In der Nähe des Kontrollpunktes *300/Rahelsgrab* warten zwei christliche Einrichtun-

Ordensleute, Friedensaktivisten, einheimische Christen und Pilger beten den Friedensrosenkranz.

gen auf Besucher. Kaum haben wir, von Jerusalem mit dem Bus oder Auto kommend, das Kontrollgebäude rechter Hand passiert, liegt die Mauer vor uns. Direkt hinter der Fahrzeugdurchfahrt in der Sperrmauer wird jeden Freitag seit über zehn Jahren der *Friedensrosenkranz* 22 gebetet: Die Schar der Betenden geht dabei vom Emmanuel-Schwesternkloster entlang der Mauer bis zur eben genannten Durchfahrt und kehrt dann wieder um, auf und ab, für die Dauer eines Rosenkranzes. An manchen Tagen sind es lediglich zwei Dutzend Beter, es können aber auch bis zu 100 sein: einheimische Christen, in Bethlehem tätige Ordensleute, aus Europa oder Amerika entsandte Friedensfachkräfte und Pilger. Je nach Zusammensetzung der Gläubigen wird auf Arabisch, Englisch oder in anderen Sprachen gebetet. Beginn im Sommer um 17.30 Uhr, im Winterhalbjahr um 17 Uhr.

Da sich die Zeiten wiederholt geändert haben, empfiehlt sich eine E-Mail-Anfrage auf Französisch oder Deutsch bei Monastère de l'Emmanuel. E-Mail: monemman@hotmail.com

Von dort sind es etwa 200 Meter bis zum *Caritas-Baby-Hospital CBH* 23, man folgt der Straße in Richtung Stadtzentrum. Das von dem Schweizer

„Unsere liebe Frau, die Mauern einreißt" –
so heißt die Ikone an Israels Sperrmauer.

Pater Schnydrig 1952 gegründete Kinderkrankenhaus verfügt über 82 Betten. 240 Angestellte, darunter 14 Ärzte sowie Sozialarbeiterinnen, Schwestern, Physiotherapeutinnen und Verwaltungsangestellte, machen das CBH zum zweitgrößten Arbeitgeber am Ort. Behandelt werden vorwiegend Armutskrankheiten, sprich Erkrankungen aufgrund von zu wenig oder schlechtem Wasser, wegen Unterkühlung oder schlechter Ernährung bei im Schnitt 35.000 Kindern pro Jahr. Frühchen werden ab einem Kilogramm Gewicht aufgenommen, die Mütter können auf dem Gelände übernachten (die Sterblichkeitsrate bei Kleinkindern ist im West-Jordanland fünfmal so hoch wie in Israel). Das CBH als Krankenhaus der Armen ist für alle da, ob sie bezahlen können oder nicht. Deshalb sind Spenden unabdingbar und machen 93 Prozent des Budgets aus. Die laufenden Kosten von 10 Millionen Euro pro Jahr kommen jeweils zu einem Drittel aus der Schweiz, aus Deutschland und Italien. In der Schweiz wird die komplette Kollekte der Christmette aller römisch-katholischen Kirchen ans CBH gespendet, erfahrungsgemäß zwischen zwei und drei Millionen Euro.
Im Schnitt kommen etwa 15.000 Besucher pro Jahr, vor allem aus Deutschland, Österreich, der Schweiz, Italien und England, der Prominenteste war

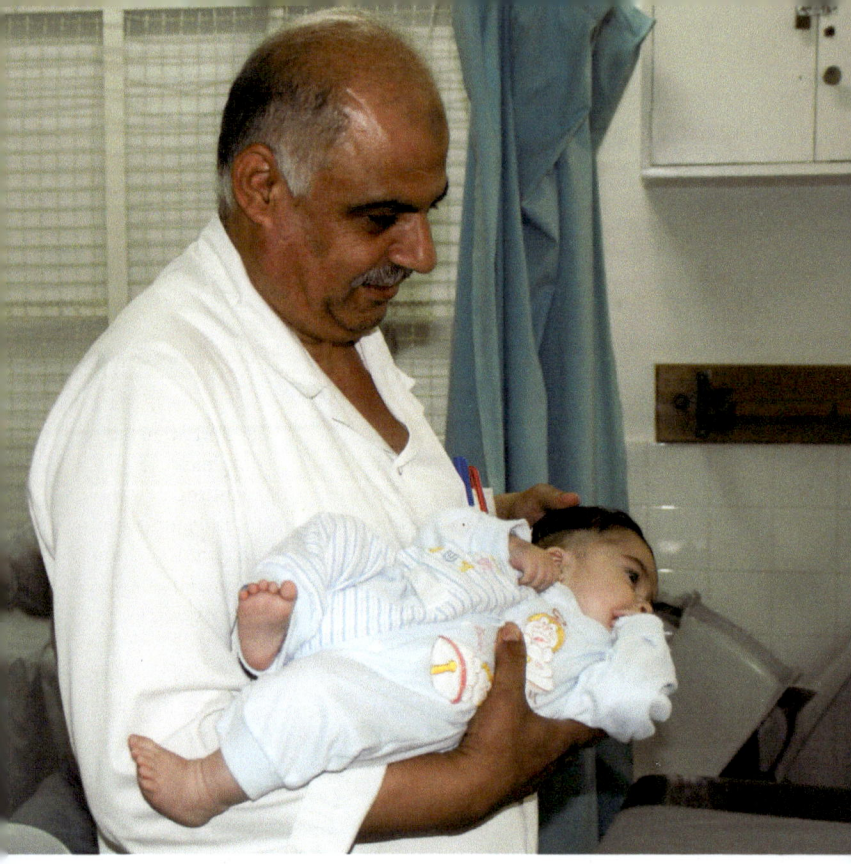

Im Caritas-Baby-Hospital wird ganzheitlich behandelt.

Papst Benedikt XVI. Sowohl die Chefärztin (Studium in Würzburg) als auch der Öffentlichkeitsreferent freuen sich auf die Begegnung mit Gruppen.

Fünf Gehminuten vom CBH entfernt befindet sich direkt an der Trennmauer, unweit des Rahelsgrabes, das *Sumud House,* das das *Arab Educational Institute (AEI) – Open Windows* 24 2009 eröffnet hat. Die Aufgaben dieser palästinensischen Organisation sind Bildung, Dialog und Friedensarbeit. AEI erreicht mit seiner Bewusstseinsarbeit derzeit 15 Schulen in den Regionen Bethlehem, Hebron und Ramallah. Insgesamt neun Gruppen bilden das Rückgrat der Aktivitäten, darunter ein Frauenchor sowie das Jugendmedienhaus. Die drei Frauengruppen im Viertel um das Rahelsgrab sprechen mit Touristen, unterstützen gewaltlose Aktionen gegen Besatzung und Mauerbau, wie etwa ein Konzert unter einem Armee-Wachturm, bieten Fortbildungen in Öffentlichkeitsarbeit und ermöglichen Projekte, die den Bewohnern des Viertels zu einem Einkommen verhelfen. Jedes Jahr im Mai/Juni findet das Sumud-Festival (Sumud = arab. für Standhaftigkeit) statt, bei dem ausländische Kulturschaffende die Mauer als Bühne nutzen.

Das sogenannte *Wall Museum* ist eine Initiative des AEI. Um das Rahelsgrab wurden bis heute dank Spenden 120 mannshohe Poster angebracht. Auf jedem ist in englischer Sprache ein Kurztext zu lesen, geschrieben von einer Frau oder einem Mann, einem Muslim oder Christen, einem jungen oder älteren Menschen. Sie drücken die Sehnsucht oder Hoffnung des Schreibenden aus, seine oder ihre Träume und handeln oft von *Sumud*. „Die Mauer selbst und all die Zerstörung, die sie mit sich gebracht hat, können wir nicht rückgängig machen, zumindest momentan nicht. Aber die menschliche Flamme der Hoffnung und Freiheit, auch der Freiheit, seine eigene Geschichte zu erzählen, erhalten wir am Leben", erklärt dazu das AEI-Jugendmedienhaus.

Setzt man seinen Weg um das Rahelsgrab herum fort, so landet man wieder auf der einst belebten Hebron-Straße, die der israelische Mauerbau zwischen Rahelsgrab und Kontrollpunkt zu einem Geisterviertel gemacht hat: 64 Geschäfte, Werkstätten, Restaurants mussten schließen. Rechts sieht man nun den Yacir Palace / Intercontinental, das luxuriöseste Hotel Bethlehems. Nach circa 150 Metern liegt auf derselben Straßenseite das *Bible College* 25 , das alle zwei Jahre die Konferenz *Christ at the Checkpoint (Jesus am Kontrollpunkt)* organisiert (nächste Konferenz 2018). Sie wendet sich vor allem an evangelikale Christen und fordert sie auf, die Lehren des christlichen Zionismus zu hinterfragen und Verantwortung zu übernehmen, indem sie eine aktive Rolle in der Konfliktlösung spielen.

300 Meter weiter gelangt man an die zentrale Kreuzung Baab–az Quaq (dort stoßen Bethlehem und Beit Jala „aneinander"). Hier finden sich in unmittelbarer Nähe gleich vier besuchenswerte Einrichtungen: das *House of Hope* für Blinde und Behinderte, das *Ephpheta Paul VI. Institut für audiophonetische Rehabilitation* 26 , das *Malteser-Krankenhaus Heilige Familie* sowie das daran angrenzende Waisenhaus *Crèche*. Erst- und letztgenannte Einrichtung habe ich wiederholt mit Gruppen besucht.

Im *House of Hope* 27 werden überwiegend palästinensisch-muslimische Kinder, Jugendliche und Erwachsene mit unterschiedlichen Behinderungen von hauptsächlich christlichen Mitarbeitern betreut. Neben Schule und Tagespflege gibt es auch ein Wohnheim. In einer einfachen Werkstatt werden die Heimbewohner angeleitet, Besen und Artikel aus Olivenholz herzustellen. Die Einrichtung freut sich sehr über Besuch, der selten geworden ist, sowie über Volontäre, die einige Wochen oder Monate mitarbeiten möchten. Die Hausleitung umschreibt den Grundgedanken der Einrichtung so: „Alle, die uns anvertraut sind, ermutigen wir, Christus als ihren persönlichen Erlöser und Heiland anzunehmen und so die Liebe Gottes zu erfahren. Unser Ziel ist eine christliche Gemeinschaft, in der sich jeder geliebt und wertgeschätzt fühlt."

Etwa 70 Mitarbeiter, darunter sieben muslimische Frauen, die selbst in der Crèche aufwuchsen, kümmern sich um die Kinder.

Im Waisenhaus *Crèche* 28 – etwa 200 Meter altstadteinwärts gelegen – kümmert man sich um ausgestoßene Kinder. In Palästina einen Platz zu finden, um Mensch werden zu dürfen, ist nämlich nicht einfach – das hat schon Jesus erfahren. Mit der Crèche gibt es jedoch seit 1885 eine Herberge, in der sich die *Töchter der Barmherzigkeit des hl. Vinzenz von Paul* (Vinzentinnerinnen) der Ärmsten der Armen annehmen.

Mauer, bemannte Kontrollpunkte sowie unbemannte Sperren haben jedoch dazu geführt, dass immer weniger Kinder Bethlehem erreichen können. Je nach Lage sind bis zu 60 Kinder im Alter von wenigen Tagen bis zu sechs Jahren dauerhaft in der Crèche untergebracht. Dazu kommen in der Tagesstätte einige Dutzend Kinder aus armen oder sozial schwierigen Familien. Die dauerhaft untergebrachten Kinder haben Dramatisches und Traumatisches erlebt: Entweder sind sie Vollwaisen, durch eine Vergewaltigung oder Inzest entstanden, im Müll ausgesetzt, von einer Stiefmutter verstoßen oder von einer verzweifelten jungen Mutter am Straßenrand liegen gelassen worden. Jedes Kind, ungeachtet der Herkunft und der Umstände, ob gesund oder krank, begabt oder behindert, ob von muslimischen oder christlichen Eltern, erhält in der Crèche einen Platz – einen Platz, um Mensch werden zu dürfen. Oft sind die Mütter der Kinder unverheiratet, auch heute noch eine Schande im Heiligen Land. Nicht selten werden die ledigen Mütter von der Verwandtschaft umgebracht – so genannte Ehrenmorde schreien auch im 21. Jahrhundert zum palästinensischen Himmel. Unverheiratete schwangere Frauen sind so gut wie vogelfrei und in Lebensgefahr. Manche werden in der Absicht getötet, dadurch die angeblich beschmutzte Familienehre wiederherzustellen, so glauben nicht wenige Muslime und sogar mancher Christ im Heiligen Land.

Die Palästinensische Autonomiebehörde – und in der haben hauptsächlich Muslime das Sagen – unterstützt die Crèche in keiner Weise, im Gegenteil. „Sie zwingt uns, diese Kinder als Muslime zu registrieren", berichtete mir gegenüber einmal die frühere Leiterin Schwester Sophie. Die Findlingskinder können daher nicht zur Adoption freigegeben werden, denn diese ist im Islam unbekannt. Unterstützen kann man die Arbeit des Waisenhauses auch durch eine Übernachtung im benachbarten Gästehaus St. Vincent, das ich sehr empfehlen kann.

BUCHTIPP

Das Buch *Souad: Bei lebendigem Leib* thematisiert Ehre und Schande und handelt von einem überlebten Ehrenmordanschlag.

Dem Gästehaus St. Vincent gegenüber liegt die *Katholische Universität Bethlehem* 29 . Betritt man den Campus am Rande der Altstadt Bethlehems, findet man sich in einer blumenreichen Oase wieder, im lärmenden und leider oft schmutzigen Bethlehem. Um den Springbrunnen sitzen Studentinnen und Studenten, in lebhaftes Palavern vertieft, oft hört man Lachen. Westliche Kleidung inklusive Schminke, mit oder ohne Kopftuch, dominiert bei den Studentinnen, auch ihre Kommilitonen würden, zumindest kleidungstechnisch, weder in Berlin noch in Birmingham oder Bologna auffallen.

Die Anfänge dieser geschätzten Universität liegen gut 50 Jahre zurück. Papst Paul VI. wurde bei seinem Heilig-Land-Besuch 1964 auf den dringenden Bedarf an höherer Bildung aufmerksam. Doch sollten noch neun Jahre ins Land gehen, bis 1973 drei US-amerikanische De-La-Salle-Brüder mit zwölf einheimischen Pädagogen die Universität gründeten. Damals wurden 112 Studenten unterrichtet. Seitdem hat die Hochschule viele Höhen, aber auch manche Tiefen gesehen, darunter die zwölfmalige Zwangsschließung aufgrund israelischer Militärbefehle. Doch auch das überstand die international anerkannte Hochschule mit dem Motto *Indivisa manent,* das man angesichts der Lage in einer Krisenregion frei mit *Uns trennt nichts* oder *Wir halten zusammen wie Pech und Schwefel* übersetzen könnte. Papst Benedikt XVI. besuchte diese katholische Vorzeigeeinrichtung in Palästina ebenso wie sein Vorgänger Johannes Paul II.

Derzeit studieren fast 3.300 Studenten an der BU: in fünf Fakultäten, dem landesweit einzigen Institut für Hotelmanagement und Tourismus oder am angesehenen UNESCO-Biotechnologiezentrum. Studiengänge in Betriebswirtschaft, Krankenpflegewesen, Natur- und Geisteswissenschaften sowie in Pädagogik werden angeboten; doch auch zur Hebamme oder zum Ergotherapeuten kann man sich ausbilden lassen. Während in den Anfangsjahren mehr Männer als Frauen ein Studium ergriffen, ist es mittlerweile umgekehrt: Derzeit stellen die Frauen mit 77 % die Mehrheit der Studentenschaft, da sie bei den Aufnahmeprüfungen besser abschneiden.

Mit über 400 Mitarbeitern ist die Uni Bethlehem der größte Arbeitgeber am Ort.

Weitere Gründe für den hohen Frauenanteil sind: Männer bekommen in der stark vom Konzept der Ehre und Schande geprägten Gesellschaft von ihren Familien leichter die Erlaubnis, im Ausland zu studieren als Frauen. Manche Männer drängen auch gleich nach dem Abitur auf den Arbeitsmarkt, um die Familie finanziell zu unterstützen. Der letzte Grund hat, wieder einmal, mit dem Konflikt zu tun: Nicht wenige junge Männer sitzen in israelischen Gefängnissen. Und sind die Christen palästinaweit gerade einmal ein gutes Prozent der Bevölkerung, so sind sie mit 26 % gegenüber 74 % Muslimen an der Universität überrepräsentiert. Die Universität beweist seit über 40 Jahren tagtäglich, dass Muslime und Christen vertrauensvoll zusammenarbeiten können.

Dar an-Nadwa (Haus des Gespräches) 31 , seit Kurzem unter dem Dach des Diyar-Konsortiums. Das Mitte der 1990er Jahre gegründete Zentrum, dessen Alt- und Neubau der finnische Stararchitekt Juha Leiviskä kreativ-genial miteinander verbunden hat, mit Geschenkladen, Auditorium und Dachterrassenrestaurant, ist vieles: Zentrale für politische Bildung, VHS und Kulturzentrum mit Konzerten, Lesungen, Theater, Konferenzen, Ausstellungen. Den Gründer, Visionär und Pfarrer Dr. Mitri Raheb hat dabei die Frage geleitet: „Was für eine Kultur wird in diesem Land herrschen? Eine der Ausgrenzung, der Gewalt, der Apartheid, des Hasses oder eine Kultur des Friedens, der Freiheit, der Toleranz, der Gleichberechtigung und Nachbarschaft?"

TIPP

Unbedingt mit Studenten diskutieren! Das organisiert ein deutscher Volontär, der jeweils für ein Jahr vom DVHL nach Bethlehem entsandt wird. Kontakt: info_deutsch@bethlehem.edu

Geht man von der Universität in Richtung Stadtmitte/Gemüsemarkt, kommt man zum Madbasseh-Platz, an dem sich die Kirche mit dem spitzesten Kirchturm Bethlehems erhebt: Das ist die 1891 fertiggestellte evangelisch-lutherische Weihnachtskirche 30 – ihre Glasfenster sind sehens-, die Berliner Dinse-Orgel hörenswert. Warum den Sonntagsgottesdienst um 10.30 Uhr nicht hier mitfeiern? 50 Meter weiter liegt rechter Hand das *Internationale Begegnungszentrum*

Hier gastieren Chöre, Orchester und Theatergruppen aus aller Welt.

Dar al-Kalima, um die Jahrtausendwende auf engstem Raum erbaut.

Dem gefragten Gesprächspartner für Pilger, Kirchenobere und Journalisten gehen die Visionen nicht aus: In jüngster Zeit ist am Stadtrand ein weiteres Pflänzchen gewachsen, die landesweit erste Fachhochschule. Dort werden Kunst, Musik, Design, Medien und Theater unterrichtet, aber auch Köche und Reiseführer bildet man in *Dar al-Kalima* (arab. Haus des Wortes) aus. Die gesamte Arbeit dieser beiden Häuser – seien es Sprachkurse für Junge, Computerkurse oder Yoga für Senioren oder Seminare für Führungskräfte – hat ein Ziel: den mündigen Bürger und den Aufbau einer demokratischen Zivilgesellschaft. Pfarrer Raheb und sein großer Mitarbeiterstab wollen in Bethlehem Orte der Hoffnung schaffen. „Wir", sagt er auf Deutsch, „dürfen uns in der Opferrolle nicht zu wohl fühlen. Es gibt hier nämlich zu viel Religion und zu wenig Spiritualität. Kultur ist ein wichtiges Instrument, an Spiritualität anzuknüpfen, an eine, die klar, gewaltlos und bescheiden ist. Wir wollen unsere Gesellschaft stärken und Institutionen schaffen, die Leben in Fülle spenden."

Im selben Gebäude bietet sich eine weitere Begegnung an – bei *Kairos Palästina* 32 . Besatzung ist Sünde gegen Gott: Das ist eine der Botschaften des palästinensisch-christlichen Aufrufs *Kairos Palästina – Die Stunde der Wahrheit,* der am 11. Dezember 2009 von Bethlehem in die Welt hinausgesandt wurde. Der Name lehnt sich an einen ähnlichen Appell aus Südafrika zur Zeit der Apartheid an. Angefangen hat alles bei einem Treffen von Kirchenführern in Jordanien. Die etwa 80 Teilnehmenden trieben folgende Fragen um: Was braucht es, um die Besatzung zu beenden und einen gerechten Frieden zu erreichen? Wie erreichen wir Respekt, Gerechtigkeit, Gleichberechtigung? Welche wirtschaftlichen Maßnahmen ergreifen wir, damit Israel sich als Teil der Weltgemeinschaft benimmt und weder Unrecht gegenüber den Palästinensern in den Besetzten Gebieten noch in Israel begeht?

In der Folgezeit verfassten unter Federführung des ehemaligen lateinischen (römisch-katholischen) Patriarchen Michel Sabbah palästinensische Christinnen und Christen verschiedener Kirchen, Laien und Kleriker, zum ersten Mal ein gemeinsames Dokument, um auf die Lage unter der Militärbesatzung hinzuweisen. Dieses schildert die Demütigung an den Militärkontrollposten, die Einschränkung der Religionsfreiheit und Missachtung des Völkerrechtes. Klar wird festgehalten: „Die Religion wird missbraucht." Die zweite Kernbotschaft besteht aus drei Buchstaben, dem englischen Kürzel BDS: Boykott, Divestment, Sanctions (Boykott, Kapitalabzug, Sanktionen). Das ist die gewaltfreie Antwort der Kairos-Initiative auf die israelische Besatzung.

Der ursprünglich auf Arabisch abgefasste Text ist in alle wichtigen Sprachen übersetzt worden, auch ins Deutsche. Auf einer Internetseite kann man den Aufruf durch seine Unterschrift unterstützen. Für den ehemaligen anglikanischen Erzbischof Desmond Tutu aus Südafrika ist der Aufruf einer voller Gnade und Anmut, „wo er gut und gerne voller Zorn sein könnte. Er ist voller bedeutender und prophetischer Worte und unser Gott, der weder schläft noch schlummert, wird Euren Schrei hören und er wird Euer Emmanuel sein." Anlässlich des Stuttgarter Kirchentages 2015 forderte er auf, sich der Kairos-Bewegung anzuschließen. Neutralität dürfe keine Option sein.

Mittlerweile haben sich Kairos-Netzwerke in so unterschiedlichen Ländern wie Deutschland und Indien, Brasilien oder Irland gegründet. Alle 13 Kirchenoberhäupter in Jerusalem (inklusive des Kustos der Franziskaner) unterstützen den Aufruf.

TIPP

Man kann im Kairos-Palästina-Büro in Bethlehem das Gespräch suchen, auf Anfrage kommt ein Mitarbeiter auch zu Gruppen ins Hotel (selbst nach Jerusalem).

Folgt man der Gasse ins Herz der Altstadt hinein, erreicht man nach wenigen Minuten eine nach unten führende Treppe. Rechts geht es über eine weitere Treppe zum Obst-Gemüse-Fleisch-Markt hinauf, links gegenüber befindet sich die syrisch-orthodoxe Marienkirche, laut Pilgertradition der Ort, an dem die abweisende Herberge der Weihnachtserzählung stand. Am Ende der abwärtsführenden Treppe gelangt man auf die von links einbiegende Sternstraße (Star St.), die geradewegs zum Krippenplatz führt. Linker Hand sieht man nach wenigen Augenblicken das kleine Tante-Emma-Geschäft in christlicher Hand namens *Orient Mill,* in dem man Gewürze, darunter die typisch palästinensische Thymian-Sesam-Sumaq-Gewürzmischung Za'atar, erstehen kann. Wenige Schritte weiter auf der rechten Seite hat der Tätowierer Walid Ajasch 33 sein Studio *Pain Art* im Obergeschoss eines Friseursalons. Der angeblich einzige Tätowierer im West-Jordanland ist Katholik und hat sich auf christliche Motive spezialisiert. Der 40-jährige Autodidakt hat bis zu 150 Körperbilder im Angebot und vermag Bibelsprüche in vielen Sprachen zu stechen. Meist sind es Kopten aus Ägypten oder Armenier, bei denen fromme Tätowierungen zur Wallfahrt dazugehören. Die Klassiker sind bei Ajasch, über den schon einmal das ARD-Mittagsmagazin berichtete, Krippe, Kreuz und Dornenkrone.

In weniger als 100 Metern hat man nun den Krippenplatz erreicht. Steht man auf demselben, halte man sich rechts. Dort biege man, am riesigen Komplex der Geburtsbasilika vorbei, in die Milchgrottengasse ein (Milk Grotto Street). Vorbei an Schnitzereien und Tante-Emma-Läden passiert man nach circa 200 Metern rechter Hand die Milchgrottenkirche, um nach zwei Minuten am nächsten Ziel zu sein: dem *Franziskanischen Familienzentrum* 34 unter der Leitung von Schwester Maria Grech. Die aus Malta stammende Ordensfrau kann Geschichten erzählen, die man in der Tagespresse nicht findet.

Sie handeln von den Sekundärfolgen der Besatzung und des politischen Stillstands. Arbeitslosigkeit und Armut sind unsichtbar für Pilger, die nur zügig die Geburtskirche mit dem 14-zackigen Silberstern sehen wollen. Es fehlt nicht nur in den ausschließlich von Muslimen bewohnten Flüchtlingslagern in und um Bethlehem am Nötigsten, auch christliche Familien sind davon betroffen. Manche finden den Mut und damit zu Schwester Maria. Sie kennt viele Familien, die beim Tante-Emma-Laden um die Ecke tief in der Kreide stehen, sich seit Wochen kein Fleisch leisten können oder die Kinder aus den christlichen Privatschulen nehmen mussten, weil sie die Schulgebühr nicht aufbringen konnten. Dutzende junger Paare kommen zu der Franziskanerin wegen Schwierigkeiten in der Ehe oder der Großfamilie. Hintergrund ist meist: Sie alle sind gezwungen, in einem gemeinsamen Haushalt mit Eltern oder Schwiegereltern zu leben, das heißt, sich Küche und Bad zu teilen; für eine eigene Wohnung reicht das Geld nicht. Denn die Männer können, da Anträge auf israelische Passierscheine manchmal ohne Angabe von Gründen nicht genehmigt werden und seit es durch den Mauerbau immer weniger Schlupflöcher nach Israel gibt, die vergleichsweise gut bezahlten Arbeitsstellen in Israel nicht (mehr) erreichen. So sitzen sie in Bethlehem fest, gezwungenermaßen arbeitslos oder mit Miniverdiensten als Tagelöhner. Der durchschnittliche Tageslohn beträgt laut Palästinensischem Statistikamt *PCBS* 104 Schekel pro Tag, knapp 26 Euro, nicht viel bei ähnlich hohen Lebenshaltungskosten wie in Deutschland. 2016 konnte die Schwester dank Spenden 13 Häuser renovieren lassen und 110 Kindern die Schulgebühren ganz oder teilweise bezahlen.

Sr. Maria, Ordensfrau, Unternehmerin, Mediatorin und „Beichtmutter".

Bei Bethlehem
Beit Jala, Beit Sahour und Artas

Im überwiegend christlichen Beit Jala laden mehrere christliche Einrichtungen zum Besuch ein. Da ist zum einen *LIFEGATE – Tor zum Leben* 35 , dessen deutscher Förderverein in Würzburg ansässig ist. Der deutsche Direktor Burghard Schunkert erzählt gerne die Heilungsgeschichte, in der Jesus den Kranken fragt, ob er gesund werden möchte. „Ich find's klasse, dass Jesus fragt. Er hätte auch gleich ein Wunder machen können", versichert Schunkert salopp. Dann zieht er die Parallele zur palästinensischen Gesellschaft, in der er seit drei Jahrzehnten arbeitet. So wie Jesus den behinderten Menschen aufsucht, so müssen auch Schunkert und seine Mitarbeiter behinderte Menschen förmlich suchen, „sie werden nämlich immer noch versteckt. Die Menschen schämen sich ihrer". Behinderung gilt in Palästina als Makel, manchen gar als Strafe Gottes. Meist wird den Müttern von der Großfamilie die Schuld gegeben, wenn sie ein Kind mit Behinderung zur Welt bringen. Die nichtbehinderten Geschwister leiden auch, nämlich unter der Angst, keinen Ehepartner zu finden. Hintergrund der relativ hohen Zahl an Menschen mit Behinderung ist die traditionell sehr verbreitete Heirat innerhalb der Familie: 44,2% (2010) der verheirateten Frauen in den palästinensischen Gebieten haben einen Cousin ersten Grades oder einen anderen Blutsverwandten zum Mann. Trotz der Aufklärung, die LIFEGATE dagegensetzt, „haben wir schlechte Karten", bekennt Schunkert.

Im Sommer 2016 wurden 27 Kinder mit der Diagnose Autismus aufgenommen – eine Herausforderung für das LIFEGATE-Team.

Am Anfang des Reha-Prozesses steht eine gründliche Diagnostik, die man auf palästinensischer Seite leider nicht erhält, weswegen Schunkert Ärzte in Jerusalem oder Tel Aviv aufsucht. Auch im weiteren Prozess kommt es zur grenzüberschreitenden Zusammenarbeit: Immer wieder halten die Israelischen Ärzte für Menschenrechte *(Physicians for Human Rights)* eine Gratis-Sprechstunde ab, zudem geben israelische Therapeuten ihr Wissen an die palästinensischen Kollegen weiter. Auch mit der israelischen Organisation *Road to Recovery* arbeitet man vertrauensvoll zusammen: Sie unterstützt Palästinenser bei medizinischen Behandlungen in Israel, vom Transport bis zur Betreuung im Krankenhaus. Und einmal im Monat spielen „Schunkerts Palästinenser" mit einer israelischen Mannschaft Rollstuhlbasketball.

Das 2012 eingeweihte neue Gebäude, auch durch Spenden der deutschen Weihnachtsaktion *Sternstunden* finanziert, verfügt über einen sogenannten Snoezelenraum für entspannte Sinneswahrnehmung in angenehmer Atmosphäre, Musiktherapie, Hydrotherapie, Physiotherapie und Ergotherapie. Insgesamt 55 einheimische Mitarbeiter behandeln, unterrichten und bilden die 200 Betreuten aus: Sie sind körperbehindert, autistisch oder gehörlos. Sie landen bei LIFEGATE, weil keine Schule sie nimmt.

Zur Förderung gehört auch das Angebot der Berufsausbildung mit Möbelschreinerei, Schlosserei, Schuhreparatur- und Polsterwerkstatt, Olivenholzverarbeitung, Hilfsmittelwerkstatt, Computer-Trainingsraum, Keramikabteilung, Näherei und Stickerei; auch an elektrischen Strickmaschinen kann man sich ausbilden lassen. LIFEGATE ist mit 60.000 Euro Gesamtkosten pro Monat bei aller eigenen Anstrengung und ersten Erfolgen, eigenes Einkommen zu erwirtschaften, auf Spenden und Besuche von Gruppen angewiesen. Nur so kann LIFEGATE weiterhin behinderte Menschen in die Selbständigkeit begleiten – damit sie hier, wo Gott Mensch wurde, auch Mensch werden dürfen.

TIPP

Neben Rundgang und Gespräch besteht die Möglichkeit zum Mittagessen.

NOCH EIN TIPP

In Lauda/Baden-Württemberg existiert ein LIFEGATE-Werkstattverkauf für Europa.

Unweit von LIFEGATE befindet sich das *Al-Liqa' Center – Religious & Heritage Studies in the Holy Land* 36. Al-Liqa' ist das arabische Wort für Begegnung. Das 1982 von palästinensischen Christen und Muslimen gegründete Zentrum ist ein Ort des Studiums, der Forschung und des lebendigen Dialogs rund um das Thema religiöser und kultureller Traditionen. Al-Liqa' hat zum Verständnis zwischen Christentum und Islam sowie zwischen diesen und dem Judentum beigetragen. Außerdem haben Mitarbeiter mitgewirkt, die Rolle der einheimischen Christenheit zu definieren und eine situationsbezogene Theologie zu formulieren, sprich: eine Theologie, die die Lebensumstände der Palästinenser berücksichtigt. Al-Liqa' ermöglicht Dialogforen, bietet Aktivitäten für die Jugend an, veröffentlicht Zeitschriften, Rundbriefe und Bücher. Der langjährige Direktor, Theologe und Philosoph Dr. Giries Khoury (1952–2016), hat zahlreiche Artikel und Bücher verfasst.

Fährt man bergauf, zum Ortszentrum von Beit Jala, erblickt man auf der linken Seite das *Priesterseminar* mit danebenliegender *Pfarrkirche Mariä Verkündigung* und *römisch-katholischer Schule* des Patriarchats 37 . Das 1852 gegründete Seminar ist das einzige römisch-katholische diözesane Priesterseminar im Nahen Osten. Hier wie auch in Pfarrei und Schule sind Begegnungen möglich. Folgt man der Hauptstraße nur wenige Hundert Meter weiter, sieht man, wieder linker Hand, die *Abrahamsherberge mit lutherischer Kirche* 38 . Auch hier freuen sich die „lebendigen Steine" des Heiligen Landes über einen Besuch christlicher Schwestern und Brüder. Ganz in der Nähe, allerdings rechts der Hauptstraße, wohnt die Christin *Faten Mukarker* 39 . Die im Rheinland aufgewachsene Palästinenserin ist im deutschsprachigen Raum durch Vorträge oder Lesungen aus ihrem Buch *Leben zwischen Grenzen – eine christliche Palästinenserin berichtet* vielen bekannt. In ihrem Haus in Beit Jala empfängt sie auch große Gruppen und spricht über den Alltag unter Besatzung, die Rolle der Frau und die aktuelle politische Lage. Faten erzählt mitunter sehr persönlich, etwa wie sie als 18-Jährige nach Palästina zurückkehrte, das sie nur aus Urlauben kannte, und nach einigen Tagen Bedenkzeit verheiratet wurde. Ihr Credo lautet: „Wir (Christen) könnten auch eine Brücke sein zwischen Juden und Muslimen. Denn wir sind Palästinenser und Araber auf der einen Seite und Christen mit jüdischen Wurzeln auf der anderen Seite."

Der Hauptstraße folgt man weiterhin bergauf, bis man rechter Hand das grüne Hinweisschild *Cremisan* 40 zur Niederlassung der Salesianer Don Boscos erblickt. Man achte auf die Fassaden der Häuser in Beit Jala! Hier bekommt man eine Ahnung von der palästinensischen Steinmetzkunst des 19. und 20. Jahrhunderts. Noch etwas verdient Beachtung: Die Christen des Heiligen Landes zeigen Flagge. Des-

Drei oder vier Weine verkosten? ...

halb sind christliche Häuser schon am Eingangsbereich zu erkennen. Über den Haustüren ist entweder der hl. Georg, der Drachentöter, der Patron des Heiligen Landes, zu sehen oder ein Kreuz.

Vom Schild Cremisan bis zur gleichnamigen Weinkellerei sind es nur wenige Hundert Meter, die jedoch einen erfahrenen Busfahrer erfordern: Die Straße verengt sich und ist kurvenreich, links und rechts stehen Mandel- und Olivenbäume. Schon ist man im 900 Meter hoch gelegenen Weingut, in Palästinas Italien. Der Blick fällt über die Terrassen und das Tal auf die israelisch-jüdische Siedlung Gilo. Oben auf der Kuppe liegt linker Hand die Mini-Siedlung Har Gilo. Cremisan ist zwischen diesen beiden Siedlungen eingeklemmt. Das gegenüberliegende Gilo, eine Baukastensiedlung, ist erst nach dem Sechs-Tage-Krieg entstanden, auf Land von Beit Jala, auf Gebiet, so erzählen es Einheimische, wo das Holz für Jesu Kreuz geschlagen wurde. Das Kreuz – die Christen von Beit Jala kennen es nur zu gut, sie tragen es täglich. Etwa 70 Prozent ihres Landes haben sie für die Errichtung der beiden genannten Siedlungen verloren. Nun wird 58 christlichen Beit Jalis, wie die Einwohner genannt werden, ein neues Kreuz auferlegt. Der Mauerbau wird weiteres Land aufbrauchen. Hatte man nach sieben Jahren Rechtsstreit 2015 noch gejubelt, wurde wenige Monate später das Gerichtsurteil kassiert, gekippt, widerrufen. Beit Jala und das Kreuz ... es nimmt kein Ende. Seit 50 Jahren ist Karfreitag. Wird es eine Auferstehung geben?

Doch über Politik will man im Weingut Don Bosco nicht reden. Dessen Motto hieß *Fröhlich sein, Gutes tun und die Spatzen pfeifen lassen*. Seit 130 Jahren bauen die Salesianer Don Boscos hier Wein an und finanzieren damit ihr Kloster und die Technische Schule im Herzen Bethlehems. In jüngster Zeit schmecken die Weine dank italienischer Entwicklungshilfe anders, für manche sensationell. Man hat begonnen, einheimische, orientalische Rebsorten anzubauen. Sie heißen Dabouki, Baladi oder Hamdani Jandali.

Was hatte das Weingut für goldene Zeiten! In den 1990er Jahren produzierten die Angestellten, Christen und (!) Muslime, eine halbe Million Flaschen im Jahr. Damals stauten sich Samstag für Samstag derart die israelischen Autokolonnen, dass man mit den Einnahmen eines einzigen Sab-

... es hängt wohl auch von der Tageszeit ab.

bats die Löhne für eine ganze Woche ausbezahlen konnte. Mit dem Ausbruch der 2. Intifada im September 2000 sackte die Herstellung auf jährlich 200.000 Flaschen ab. Mittlerweile ist man bei einer Jahresproduktion von etwa 280.000 Flaschen. Doch schwebt über Cremisan das Damoklesschwert. Wird die israelische Mauer durch das Klostergelände verlaufen? Wird die Weinkellerei auf der israelischen Seite der Mauer landen? Werden die Angestellten dann Passierscheine, Reisegenehmigungen benötigen?

Um auf ihre Lage aufmerksam zu machen, feiern die einheimischen Christen Beit Jalas mit ihrem römisch-katholischen Pfarrer Ibrahim Shomali regelmäßig eine Messe im Cremisantal. „Sollen die Israelis die Mauer doch auf ihrem Gebiet errichten. Diese Grundstücke gehören Christen", sagte Pfarrer Shomali der *Frankfurter Allgemeinen Zeitung*. Er und andere befürchten, dass Gilo und Har Gilo eines Tages zusammenwachsen sollen. Allein ein Gläschen vom *Star of Bethlehem* oder vom 25 Jahre in Eichenfässern gelagerten Brandy kann für einen Moment die palästinensische Trübsal wegspülen.

TIPP

Über Georg Dittrich kann man eine Weinverkostung buchen – sowohl eine in der Weinkellerei Cremisan in Palästina als auch eine in der eigenen Pfarrei / Kirchengemeinde in Deutschland, Österreich oder der Schweiz; Herr Dittrich reist dazu mit Weinvorrat an.
Kontakt: zentrale@cremisan.de oder: weinbestellung@cremisan.de

LESETIPP

Society of St. Yves: The Last Nail in Bethlehem's Coffin. The Annexation Wall in Cremisan, 2015, 88 Seiten

Fährt man auf Beit Jalas Hauptstraße bis zum israelischen Armeekontrollpunkt, gelangt man wenige Meter nach diesem an eine Kreuzung. Links geht es zum lutherischen Bildungszentrum *Talitha Kumi* 41 . Dazu gehören ein Kindergarten, eine Schule von der ersten Klasse bis zur Hochschulreife, eine Hotelfachschule, ein Mädcheninternat und ein großes Gästehaus. Talitha Kumi ist aramäisch und bedeutet: „Mädchen, steh auf!" (Mk 5,41). Dieses Jesuswort ist Auftrag für die älteste evangelische Schule in Palästina, die 1851 (in Jerusalem) gegründet wurde. Den Torbogen der ursprünglichen Schule kann man heute noch in der King George Street in West-Jerusalem sehen. Die Schule selbst musste Neubauten weichen. Aufgrund seiner Lage im C-Gebiet des West-Jordanlandes ist Talitha Kumi ein ganz besonderer Ort: Hier können sich Menschen beider Seiten legal treffen. Und das tun regelmäßig beispielsweise Menschenrechts- und Friedensaktivisten beider Seiten. Bei einem Besuch Talitha Kumis kann man mit dem deutschen Direktor, seinen palästinensischen Lehrerinnen und Lehrern sowie der Schülerschaft ins Gespräch kommen.

In Bethlehems zweitem Nachbarort, Beit Sahour, kann ich einen Besuch im *Oasis Workshop* 42 empfehlen. 1998 mit Hilfe der *Deutschen Behinderten-Gesellschaft* und dem Verein *Arche* gegründet, ist Oasis eine Werkstatt für Erwachsene mit Einschränkungen. Hergestellt werden Geschenkbeutel, Karten und Lesezeichen aus handgeschöpftem Altpapier. Diese werden mit Sandbildern und getrockneten Pflanzen versehen. Außerdem werden Kerzen in Kaltwachstechnik angefertigt – dank deutscher Gussformen und Duftstoffe. Primäres Ziel ist die Stärkung des Selbstwertgefühls und der Unabhängigkeit der Betreuten und die Unterstützung ihrer Familien. Sechs Angestellte betreuen 15 Arbeiterinnen und Arbeiter im Alter von 18 bis 45 Jahren. Die Einkünfte ermöglichen die Weiterführung des Betriebes und decken einen Teil der Kosten ab: Miete, Löhne, Transport und Verpflegung. Oasis ist mittlerweile einer der Zulieferer von *Hadeel,* einer palästinensischen Fairtrade-Kooperative. In Beit Sahour können Pilger auch die Sonntagsmesse in der Kirche *Unsere Liebe Frau von Fatima* mitfeiern 43 ; auch eine evangelische Kirche lädt zum Gottesdienst ein.

Am südlichen Stadtrand von Bethlehem liegt das bezaubernde Örtchen *Artas* 44 . Bekannt ist der wasser-

Artas im Februar:
Pilger erfreuen sich an der Mandelblüte, das Kloster ist links zu sehen.

reiche Ort für das im Frühjahr stattfindende Salat-Festival, das Folklore-Zentrum sowie das malerische Kloster *Hortus Conclusus,* dem der ausschließlich von muslimischen Palästinensern bewohnte Ort seinen Namen verdankt. Über die Zeit ist aus Hortus Artas geworden. Vor allem im Frühjahr, wenn Mandel- und Ölbäume blühen, ist das Tal um Artas atemberaubend schön. Die Schwestern des Klosters, die einen Kindergarten unterhalten, freuen sich sehr über Besucher. Eine malerische Steinbrücke führt zum Konvent, dessen Name dem geschlossenen Garten des alttestamentlichen Hohenliedes entnommen ist. 1901 wurde das Kloster auf Geheiß des damaligen Erzbischofs von Montevideo/Uruguay gebaut.

TIPP

Vom Kloster erreicht man talaufwärts nach einem wunderschönen 45-minütigen Spaziergang *Salomos Teiche* (arab. Burak Suleiman/Sliman), besonders reizvoll von Februar bis April.

Auf dem Weg von Bethlehem nach Hebron

„Wir weigern uns, Feinde zu sein" – so steht es auf dem Stein im Eingangsbereich des palästinensisch-christlichen Begegnungsprojektes *Zelt der Völker/Tent of Nations* 45 . Der Weg dorthin ist im wahrsten Sinne des Wortes steinig. Bei der jüdischen Siedlung Neve Daniel ist die Fahrt zu Ende. Zwei vom israelischen Militär errichtete Erdwälle zwingen Besucher, die letzten 600 Meter zu Fuß zurückzulegen. Nur etwa sechs Kilometer südwestlich von Bethlehem trifft man auf gleich zwei Sperren – zeitweise waren es um die 700 im West-Jordanland. Dieses ist etwas kleiner als der Regierungsbezirk Unterfranken, kleiner als der Kanton Bern oder das Bundesland Salzburg. Die meist unbemannten Barrieren erschweren palästinensischen Personen- und Warenverkehr und machen ihn in manchen Abschnitten unmöglich. Wer also dieses palästinensische Friedensprojekt besuchen möchte, muss zwei Hindernisse nehmen. Friedensaktivisten in Palästina? Daoud (zu Deutsch David) Nassars

Das Motto der Begegnungsstätte im Eingangsbereich.

Familie ist Eigentümer eines 42 Hektar großen Grundstücks, 950 Meter hoch gelegen. Bei guter Sicht ist das Mittelmeer zu erkennen. Daouds Großvater Daher – deshalb auch der Name *Dahers Weinberg* – hat das Land 1916 von einem palästinensischen Bauern gekauft. Später zog er mit seiner Familie dorthin, sie lebten in einer Höhle und pflanzten Granatapfel-, Mandel-, Feigen- und Olivenbäume sowie Rebstöcke. Nach Jahrzehnten der Ruhe brachte das Jahr 1990 erstmals Unruhe. Die Familie Nassar erfuhr, dass das Gebiet um *Dahers Weinberg* israelisches Staatsland sei. Seitdem gehen die Nassars bei Rechtsanwälten ein und aus, müssen vor israelischen Gerichten erscheinen, Zeugen beschaffen, Gutachten anfertigen und das Land vermessen lassen und erhalten Abriss- oder Kultivierungs-Stopp-Befehle. „Wir dürfen hier auf unserem eigenen Land kein Haus bauen, wir dürfen kein Leitungswasser haben und keinen Strom." Selbst für das Aufstellen eines Zeltes benötigt Daoud Nassar die Zustimmung der israelischen Militärbehörde, da sein Grundstück im C-Gebiet des West-Jordanlandes liegt, wo die Autonomie der palästinensischen Autonomiebehörde endet und Israel das Sagen hat. Da man auf das Grundstück nichts bauen darf, haben Daoud und seine Mitstreiter eben unterirdisch gebaut – aus den Höhlen wurden Versammlungs- und Schlafräume, Büro und Kapelle; die hergerichteten mittlerweile 20 Zisternen fassen 700 Kubikmeter Wasser. In puncto Energieversorgung war Deutschland behilflich: Die von Rupert Neudecks *Grünhelmen* gespendete Solaranlage war ein Segen und hat bisher etwa 60.000 Euro an Diesel erspart.

Daoud Nassar: „Wir weigern uns, Feinde zu sein. Wir weigern uns, zu hassen."

Begonnen hat Daoud Nassar das Projekt *Zelt der Völker* zu Beginn der 2. Intifada zusammen mit seiner Frau, seinem Bruder, seiner Schwester und Freiwilligen aus aller Welt. Damit haben sie in denkbar unsicheren Zeiten die Vision ihres Vaters umgesetzt: einen Ort für Begegnungen zwischen Kulturen und Religionen zu schaffen. Manche nennen Daoud den Mandela oder Gandhi Palästinas.

Die letzten Jahre haben indes neue Sorgen für das *Zelt der Völker* gebracht: Als wären 20 Abrissbefehle und 47 Kultivierungs-Stopp-Befehle noch nicht genug, steht nun die 13. Landvermessung an. Die bisherigen, durch juristischen Beistand oder durch Gutachten verursachten Kosten belaufen sich auf 180.000 $-US. Seit 2016 wird nun direkt vor seinem Grundstück eine jüdische Jeshiva, eine Bibelschule, gebaut. Das bringt die bange Frage mit sich: Werden Besucher zukünftig überhaupt noch zum *Zelt der Völker* gelangen können? Für den deutschen Theologen Burkhard Fecher, der Daoud Nassar dreimal getroffen hat, ist dieser „ein Prophet Gottes heute". Er biete nämlich denen die Stirn, die ihn mit Einschüchterungen kleinkriegen wollen. Mit seinem Bekenntnis *Wir weigern uns, Feinde zu sein,* „verwirren Daoud, seine Mitarbeiterinnen und Freunde die Spielregeln der Mächtigen und pflanzen mit jedem Ölbaum die Hoffnung, dass ein faires Zusammenleben von Juden und Palästinensern möglich ist".

TIPP

Für Besuch und Gespräch zwei Stunden einplanen (Mittag-/Abendessen möglich), bitte rechtzeitig anmelden.

Hebron
(hebr. Hevron / arab. al-Khalil) 46

Die Luft in der Abrahamstadt ist angespannt. Das spüren wir auf dem 20-minütigen Weg vom Busparkplatz zum Haus der christlichen Friedensstifter *CPT (Christian Peacemaker Team)*: beim Anblick jüdischer Mini-Siedlungen in der Altstadt, von Wachtürmen, israelischen Soldaten, Tarnnetzen, geschlossenen palästinensischen Geschäften und Stacheldraht. Hebron ist der Inbegriff von Beklemmung. Jetzt stehen wir auf dem Dach des CPT-Quartiers, mitten in der Altstadt.

„Der Grund, warum wir hier sind und wir diese Lage hier vorfinden, ist das Kapitel 23 im Buch Genesis." So beginnt der englische Friedensaktivist Alwyn, der uns gleich eingeschärft hat, nicht in Richtung der Soldaten zu fotografieren, seinen Vortrag. „Ich bitte euch dringend, diese Geschichte zu lesen, das ist eure Hausaufgabe. Es ist fast eine unbeschwerte Geschichte mit einem Anflug von Humor." Dann erzählt er sie nach: „Abraham will einen Begräbnisplatz für Sara finden. Die Einheimischen sagen ihm, er könne jeden x-beliebigen Ort haben. Sie wollen ihm ein Grundstück schenken, Abraham will es kaufen. Das ist möglicherweise von großer Bedeutung, denn einige unserer Nachbarn hier behaupten, dass genau das ihnen das Anrecht auf Hebron und ganz Palästina verleiht."

Mit den Nachbarn meint er die militanten jüdischen Siedler der Altstadt. Es sollen mittlerweile an die 850 sein, die inmitten von 200.000 Palästinensern leben. Sie verstehen sich als Hüter der Patriarchengräber. Viele von ihnen tragen Gewehre, sind nationalreligiös, gewaltbereit und diktieren das Leben der Palästinenser.

Eine von 95 Straßensperren in H2, der Altstadt Hebrons.

Freiwillige von EAPPI erklären die Aufteilung in H1 und H2.

Rund um die Uhr lassen sie sich von über 1000 Soldaten und Polizisten bewachen. Gefühlt 350 Tage im Jahr bleibt Hebron ruhig, aber an einigen Tagen fliegt der Deckel des Dampfkochtopfs dann doch weg. Das kann jederzeit passieren.

Den Besuch in Hebron sollte man als Gruppenverantwortlicher behutsam vorbereiten. Man muss etwas über die Geschichte des Konfliktes erzählen, über das palästinensische Massaker an Juden von 1929, den Sechs-Tage-Krieg, über das seitdem ungebremste jüdische Siedeln auf palästinensischem Land, über das Goldstein-Massaker an Palästinensern in den Patriarchengräbern 1994 und die Aufteilung der Stadt in H1 und H2. Und: Man muss es der Gruppe freistellen, mitzukommen oder stattdessen Zeit für einen Basarbummel in Jerusalem oder Bethlehem zu haben. Denn dieses Pulverfass Hebron kann schnell explodieren. Es braucht nur ein Stein zu fliegen und schon kommt Tränengas dazu, vielleicht auch ein Gummigeschoss – beides klingt relativ harmlos, beides kann töten. Am Tag des geplanten Besuches sollte sich der Reiseleiter bei den Friedensaktivisten in Hebron erkundigen: Wie war die Nacht? Wie schätzt ihr die Lage ein? Können wir kommen?

TIPP

Hebron sollte man entweder mit *CPT* oder dem erwähnten Programm *EAPPI (Ecumenical Accompaniment Program in Palestine and Israel)* erkunden. Daneben bieten auch die einheimischen Initiativen *Youth against Settlements* oder *Open Shuhada Street* Gespräche und Touren an.

Mittleres und nördliches West-Jordanland

Schwester Hildegard Enzenhofer wollte eigentlich nie ins Heilige Land. Als sich ihre Zeit in der Generalleitung in Rom dem Ende zuneigte, plante sie die Rückkehr in die österreichische Heimat. 2002 fragte man sie, ob sie nicht nach Emmaus-Qubeibeh gehen wolle. Sie lehnte ab, kam jedoch nicht zur Ruhe. Nach Exerzitien in der Schweiz verspürte sie einen Ruf nach Qubeibeh, obwohl die 2. Intifada angefangen hatte. Sie trat ihren Dienst im *Beit Emmaus* (Haus Emmaus) an, als palästinensische Selbstmordattentate und israelische lasergesteuerte Raketen aus der Luft

Schwester Hildegard ist seit 15 Jahren im Beit Emmaus.

regelmäßig Tote forderten. „Von der Realität umarmt", nennt sie es rückblickend mit einem Lächeln.

Zu ihrer Aufgabe gehören nach wie vor Gänge zu Bank und Post in Jerusalem. Als sie dort in ihrer Anfangszeit zwei Terroranschläge in unmittelbarer Nähe miterlebte, schrieb sie ihrem geistlichen Begleiter, ihre Entscheidung sei wohl falsch gewesen. Dieser antwortete: „Du hast eine Entscheidung getroffen und die gilt es nun zu leben." Das half.

Etwa zwei Dutzend Mitarbeiterinnen (darunter acht Ordensschwestern) und Mitarbeiter ist die Hausgemeinschaft im *Beit Emmaus* in *Emmaus-Qubeibeh* 47 groß: Palästinenser, Deutsche und Schwester Hildegard als Österreicherin. Sie kümmern sich um bis zu 35 Frauen, von denen ein Drittel behindert ist und zwei Drittel Seniorinnen sind. Die ihnen Anvertrauten haben oft jahrelang unter Kaspar-Hauser-ähnlichen Umständen gehaust. Beit Emmaus hat Frauen aufgenommen, die in Zisternen vor sich hinvegetierten oder deren Gliedmaßen weggefressen waren. Eine Frau hat wie ein Huhn gegackert, eine andere war bis zum 18. Lebensjahr nackt in einer Höhle angekettet und die Kette war schon ins Bein eingewachsen. Frauen werden nicht nur wegen einer Behinderung verstoßen, sondern auch, weil sie nur Mädchen gebären. „Sie sind sehr stark beziehungsbehindert", fasst Schwester Hildegard ihre Erfahrungen mit den Ausgestoßenen zusammen. Um sie wollten sich die einheimischen Pflegekräfte anfangs nicht kümmern, aber „wir bestehen darauf, dass sie sich um die kümmern, die die Kultur ausgrenzt". Mittlerweile ist nahezu eine 1:1-Betreuung gewährleistet.

Was Schwester Hildegard im Rückblick am meisten mit Stolz erfüllt, ist die Fakultät für Pflege, angegliedert an die Universität Bethlehem. Die ist in ihren Augen auf wunderbare Weise entstanden. Frauen aus dem Dorf baten um eine Pflegeausbildung. Schwester Hildegard lehnte zunächst ab: „Wir haben weder ein Haus noch Geld noch Lehrer." Doch die Frauen ließen nicht locker. Bei ihnen, die oft keine Bildung genossen haben, spürte die Ordensfrau eine Sehnsucht nach mehr. Sie holte Erkundigungen über das palästinensische Bildungssystem ein und landete bei der Universität

Bethlehem. Der damalige Rektor meinte auf die Anfrage lapidar: „Warum nicht? Probieren wir es." Bei einer Begegnung im katholischen Paulushaus in Jerusalem traf Schwester Hildegard einen Mitarbeiter der Bank für Wiederaufbau, KfW. Diese finanzierte tatsächlich das Schulgebäude. „Deswegen schon glaube ich an dieses Projekt, weil sich da so viel gefügt hat." Später kamen mit UNDP, Misereor sowie dem Bundesland Oberösterreich weitere Förderer dazu. Gerne betont die Ordensfrau, dass es nicht die Idee ihres Ordens war, eine Krankenpflegeschule in Emmaus zu eröffnen: „Es war der Wille der Bevölkerung von Emmaus."

Im Jahr 2007 hat der erste Jahrgang abgeschlossen, seitdem gab es Dutzende von Absolventen, darunter mit Intisar die erste Absolventin aus einem Beduinenstamm. 91 % der Graduierten finden Arbeit, oft in Ramallah. Doch im 11 Kilometer entfernten Jerusalem könnte eine Krankenschwester das Doppelte verdienen. Dazwischen liegt mit Armeekontrollpunkt, Mauer und Passierschein ein nahezu unüberwindliches Hindernis. Auch Schwester Hildegard fühlt sich angesichts dessen manchmal wie ein Kettenhund, denn: „Egal, wohin man läuft, nach maximal 45 Minuten stößt man an."

Dankbar blickt Schwester Hildegard zurück und sieht „den roten Faden der Liebe Gottes". Diesen will sie

Neben Freiwilligen aus Europa leisten auch Studierende der Pflegefakultät Dienst im Beit Emmaus.

Christen im Heiligen Land begegnen

immer wieder „betend und hörend entdecken". Sie will weiterhin an der Vision von Beit Emmaus mitarbeiten und vertraut darauf, „dass Er uns das Stück für Stück zeigen wird"...

TIPP 1

Die Fahrt von Jerusalem nach Emmaus-Qubeibeh erfolgt durch den israelischen Armeekontrollpunkt al-Jib. Musste in den letzten Jahren die Einfahrt ins West-Jordanland via Reiseagentur mit dem israelischen Militär abgesprochen werden, ist es neuerdings die Rückfahrt nach Israel. Schwester Hildegard dazu: „Es ändert sich immer wieder." Dazu muss die Reiseagentur Name, Ausweis- und Telefonnummer des Busfahrers sowie das Buskennzeichen mindestens eine Woche vorher der Armee mitteilen.

TIPP 2

Der Geschenkladen im Beit Emmaus ist mit viel Liebe zum Detail eingerichtet.

In *Ramallah* 48 , der heimlichen Hauptstadt Palästinas mit vielen ausländischen Vertretungen, Kulturzentren und Bars, ist *Miftah* ansässig, die 1998 gegründete Nicht-Regierungsorganisation zur Förderung des globalen Dialogs und der Demokratie. Die Vorsitzende Hanan Ashrawi ist palästinensische Christin und war Unterhändlerin bei Verhandlungen mit Israel. Bei Miftah arbeiten Christen und Muslime, leiten Trainingskurse, führen Studien durch und stehen für Gespräche zur Verfügung.

Ebenso in Ramallah kann man den Bildungscampus der anglikanischen Kirche (St. Andrew's lädt zum Sonntagsgottesdienst ein) unter dem Namen THE EPISCOPAL TECHNOLOGICAL AND VOCATIONAL TRAINING CENTER ETVTC 49 besuchen. Dahinter verbirgt sich eine Berufs-, Musik-, Sport-, Tanz- und Hotelmanagementschule. Außerdem wird Kindern in Sommerlagern Lust auf Technik und Technologie gemacht. Eine enge Kooperation besteht mit dem Berufsbildungswerk der Paulinenpflege Winnenden.

TIPP

Der Direktor Giovanni Anbar spricht fließend Deutsch.

Einige Kilometer nördlich der Stadt lädt der Sternberg 50 mit dem *Star Mountain Rehabilitation Center* zur Begegnung ein. Wo früher ein Leprakrankenhaus sich der Aussätzigen annahm, nimmt sich heutzutage das Reha-Zentrum der Brüder-Unität / Herrnhuter Missionshilfe e.V. Bad Boll mit 30 Mitarbeitern derer an, die es in Palästina ganz schwer haben. Zu den Förderern und Sponsoren zählen Brot für die Welt, ADA (Wien), die Christoffel-Blindenmission, Mission 21 (Basel) sowie OeME (Zürich).
Vom Kleinstkindalter bis zum Abschluss der Berufsausbildung werden Kinder und Jugendliche mit Behinderungen betreut und gefördert: im integrativen Kindergarten, in der Förderschule, der Berufsausbildung mit Stickerei oder der Landwirtschaft. Die Betreuten kommen tagsüber auf den Sternberg und leben sonst weiterhin in ihren Herkunftsfamilien, in die sie – so das Ziel – mit und trotz Behinde-

Landschaft bei Taybeh, dem biblischen Ephraim.

rung immer besser integriert werden sollen. Die Familien leisten nach Möglichkeit einen kleinen Eigenbetrag für die Betreuung ihres Kindes.
Seit Oktober 2014 existiert durch eine Kooperation mit der Caritas Jerusalem eine integrative Nähwerkstatt, die Frauen mit und ohne Behinderung zusammenbringt. Stolz ist man auf dem Sternberg, dass Schützlinge bei den Paralympics schon Medaillen gewonnen haben, unter anderem im Tischtennis.

Auf dem Weg nach Nablus kann man dem malerisch gelegenen *Taybeh* 51 einen Besuch abstatten. Hier, im biblischen Ephraim, wo Jesus vor seinem Leiden weilte, leben etwa 1.300 Christen, die drei Kirchen angehören. Neben diesen kann man die Ruinen der Al-Khader-Kirche, das Kreuzfahrerkastell oder die Brauerei des Ortes besichtigen, die seit Jahren ihr Oktoberfest mit bayerischer Blasmusik und palästinensischem Tanz feiert. In der alten Ölpresse sind eine Töpferei sowie die Friedenslicht-Werkstatt untergebracht. 2004 vom damaligen Ortspfarrer Abuna Raed ins Leben gerufen, soll dieses Licht in jeder Kirche auf dem Globus so viele Christen wie möglich im Gebet für den Frieden im Heiligen Land vereinen. „Angesichts dieses Weltgebets wird unser Herr keine andere Wahl haben, als seine Gemeinde ganz gewiss zu erhören", ist sich der palästinensische Priester sicher. Auf ihn geht auch das Gleichnishaus neben der römisch-katholischen Kirche zurück: 20 Minuten in diesem bis vor einigen Jahrzehnten noch bewohnten uralten Haus reichen und man versteht gleich mehrere Gleichnisse Jesu. Am Sonntag können Pilger zwischen drei Gottesdiensten wählen.

Wer nach *Nablus* kommt, um vielleicht den Jakobsbrunnen, die Olivenölseifensiedereien oder den Berg Garizim zu besuchen, sollte auch dem *St. Luke's Hospital* 52 der anglikanischen Kirche einen Besuch abstatten.

Kreuzfahrerkirche (erbaut 1141) mit vermutlich von Muslimen ausgekratzten Gesichtern.

Vor über 100 Jahren gegründet, verfügt das kleine Allgemeinkrankenhaus mit 60 Betten über die Stationen Chirurgie, Intensivstation, Geburtshilfe und eine neonatologisch-pädiatrische Intensivstation. Weiter ausbauen will man Urologie und Orthopädie sowie das Trauma-Zentrum. Die Krankenhausleitung umschreibt ihre Aufgabe so: „Unser Auftrag als Krankenhaus St. Lukas geht über die medizinische Dienstleistung hinaus, indem wir als Christen da sind und Flagge zeigen in einer Region, wo es nur noch wenige christliche Familien gibt."

Zwischen Jerusalem und Tel Aviv

Auf der Strecke Jerusalem–Flughafen oder Tel Aviv liegen mindestens vier christliche Gesprächsmöglichkeiten sowie eine christlich-jüdisch-muslimische Begegnung im Friedensdorf Neve Shalom.

In *Abu Ghosh* 53 , dem Ort, in dem die Kreuzfahrer das neutestamentliche Emmaus sahen, sind Benediktiner und Benediktinerinnen zuhause. Neben den Schwestern von Kiryat Yearim der Kirche *Hl. Maria mit der Bundeslade* am Ortsrand sind sie die einzigen Christen des Ortes. Die wunderbare Kreuzfahrerkirche von Abu Ghosh kann Ort einer Abschlussmesse oder des Reisesegens sein. Gerne erzählt die deutsche Benediktinerin Sr. Marie Madeleine Wagner von ihrem Weg ins Kloster oder vom Miteinander der Religionen im Heiligen Land.

Fährt man weiter in Richtung Tel Aviv, finden sich bei Latrun 54 (vom span. ladron = Dieb, da hier früher Karawanen überfallen wurden) auf einem Quadratkilometer gleich drei christliche Gemeinschaften: Rechts der Autobahn lebt seit 1975 die *Gemeinschaft der Seligpreisungen* neben einem weiteren Ort, der den Anspruch erhebt, das Emmaus des Evangeliums zu sein: Emmaus Nikopolis. Auf der anderen Seite der Autobahn findet sich das Trappistenkloster *Latroun* mit angeschlossenem Weinkeller. Direkt daneben lebt seit über 40 Jahren die *Jesus-Bruderschaft Gnadenthal/Kommunität Latrun* auf dem Hügel einer ehemaligen Kreuzfahrerburg. Drei Brüder und ein Ehepaar laden zu Gebet, Einkehr und Gespräch ein. Jeweils zwischen Montag und Freitag stehen für Gäste Zimmer bereit. Der Kommunität liegt der Dienst der Versöhnung am Herzen.

Galiläa

In Galiläa laden etwa zwei Dutzend Orte mit christlicher Bevölkerung, darunter die Städte Akko, Haifa, Shafa'amr, Nazareth und *Tiberias* 55 dazu ein, den Sonntagsgottesdienst mitzufeiern. In der einzigen Stadt am See sind die Maroniten mit etwa 200 Gläubigen die größte christliche Gemeinschaft, gefolgt von der schottischen Kirche (50 Gläubige) und den Lateinern (ca. 20 Gläubige). Außerdem finden sich in der 43.000-Einwohner-Stadt einige messianisch-jüdische Gemeinden. Warum nicht einmal den Sonntagsgottesdienst mit Maroniten in deren aramäisch-antiochenischer Liturgie feiern?

Unweit des Sees Genesareth liegt der Ort *'Ailaboun* 56 (andere Schreibweisen: Eilaboun / Ilaboun / Ilabun). Dort habe ich einmal mit einer Pilgergruppe in der griechisch-katholisch-melkitischen Georgskirche die Sonntagsmesse mitgefeiert. Wer sich in das 5.000-Seelen-Dorf aufmacht, sollte auch die schmerzhafte Vergangenheit dieses zu 70% christlichen Ortes kennen. Dieser wurde im 1. Israelisch-Arabischen Krieg am 30. Oktober 1948 von jüdischen Soldaten besetzt. Die Einwohner flüchteten in die beiden Kirchen, wo sie sich eine lange Rede des israelischen Kommandanten anhören mussten. Laut dem israelisch-jüdischen Historiker Ilan Pappe war dies ein „sadistischer, launischer

Georgskirche in 'Ailaboun / Galiläa.

Mensch", der den Dorfbewohnern vorwarf, sie hätten zwei jüdische Leichen verstümmelt. Auf der Stelle verübte er Vergeltung und erschoss mehrere junge Männer vor aller Augen. Die Internetseite des Ortes spricht diesbezüglich von 14 jungen Männern, von „kaltblütig" und von „Massaker". An jenem Tag eroberten die israelischen Truppen 26 Dörfer in Galiläa. In manchen durften die Einwohner bleiben, in anderen nicht, in wieder anderen durften sie kurzzeitig zurückkehren, um Habseligkeiten zu holen. In bestimmten Orten gingen die israelischen Truppen brutal vor, in anderen wieder nicht. „Offenbar lag es immer an der Entscheidung des jeweiligen Kommandeurs", mutmaßt Pappe.

Elias Chacour: „Wir sind die Nachkommen der Urkirche."

Ein wenig weiter vom Westufer des Sees gelegen als 'Ailaboun sind die Orte *Maghar* 57 (mit Pfarrkirche zum hl. Georg) oder *Rameh* 58 (hl. Antonius) – etwa eine halbe Stunde Busfahrt sollte man einkalkulieren. Auch dort freuen sich die Christen über Pilger, die ihren Gottesdienst mitfeiern möchten und sich danach beim Kirchenkaffee für ihre Geschichte(n) interessieren.
Und warum nicht einmal die römisch-katholische Schule in *Reine(h)/Rene* 59 bei Nazareth oder den Kindergarten in *Shafa'amr* 60 besuchen? Oder einen der Kindergärten in griechisch-katholischer Trägerschaft? Solche gibt es beispielsweise in *Jish* 61 oder *Mi'lya* 62 ; in letztgenanntem Ort lebt der Reiseleiter Elias Abu Oksa, der schon Hunderte von deutschsprachigen Gruppen durch das Land geführt und wiederholt einen Austausch zwischen Jugendlichen seines Dorfes mit jungen Deutschen organisiert hat.

Beeindruckend ist allemal ein Besuch der *Mar Elias Educational Institutions* in *Ibillin/'Ibillin* 63 in West-Galiläa: Hinter dieser Bezeichnung verbergen sich Mariam-Bawardi-Kindergarten und -Grundschule, Mar-Elias-Gymnasium mit gleichnamigem Gästehaus samt imposanter *Kirche der Bergpredigt*. Alles entstand unter Federführung von Elias Chacour. Ein Gespräch mit ihm, dem emeritierten Erzbischof, empfinden nicht wenige als einen Höhepunkt der Reise.
Der Gründer von Büchereien hat sich zeitlebens für den Dialog und den Frieden eingesetzt. Selbst Heimatvertriebener, hat er zunächst als Pfarrer in Ibillin und dann als Erzbischof der Melkitisch-griechisch-katholischen Kirche von Akko, Haifa, Nazareth und ganz Galiläa die Aussöhnung von Juden, Christen und Muslimen als sein wichtigstes Ziel genannt und vorgelebt. Dreimal war er für den Friedensnobelpreis nominiert, Friedenspreise und Ehrendoktorwürden wurden ihm in Japan und den USA verliehen.

LESE-TIPP

Elias Chacours Bücher *Israeli, Palästinenser und Christ* sowie *Und dennoch sind wir Brüder*

FILMTIPP

Elias Chacour, *Prophet im eigenen Land*

Hinweis: In jüngster Vergangenheit hörte man von finanziellen Unregelmäßigkeiten (im Nahen Osten nichts Ungewöhnliches). 2013 berichteten israelische Zeitungen über den Verdacht sexueller Belästigung einer Mitarbeiterin; der Bischof stritt die Tatvorwürfe ab. Jede/-r möge sich selbst informieren, dann ein Urteil bilden und entscheiden, ob ein Besuch zu verantworten ist.

Nazareth

In Nazareth (hebr. Nazeret, arab. in-Nasra), der Perle Galiläas, kann die Pilgergruppe etwa das *Spital zur Hl. Familie* 64 oder das *EMMS Hospital* besuchen 65 (Freiwillige gesucht), wobei das E für Edinburgh das schottische Engagement des Hauses zum Ausdruck bringt.

Nazareth beherbergt zehn christliche Schulen, darunter die *Salvatorschule* 66 des gleichnamigen Frauenordens. Dort unterrichten circa 100 Lehrerinnen und Lehrer 1.500 Schülerinnen und Schüler, Christen und Muslime, vom Kindergarten bis zum israelischen Abitur *Bagrut*. Zum Personal gehören auch zwei Psychologen, eine Krankenschwester, ein Berater, drei Sonderpädagogen sowie ein Lehrer für die Hochbegabten. Schwester Klara Berchtold, aus Memmingen stammend, ist seit Jahrzehnten in der Schulverwal-

Schülerinnen der Salvatorschule.

tung tätig. Zum gemeinsamen Lernen von Muslimen und Christen erklärt sie: „In der ganzheitlichen Erziehung geht es uns um den Menschen, darum, dass die Kinder und Jugendlichen im gemeinsamen, positiven Miteinander heranwachsen. Dafür spielen unsere christlichen Werte wie Toleranz, Akzeptanz, Liebe, Vergebung eine große Rolle. Das ist eine Erziehung, die wir allen anbieten können." Bildungsarbeit ist für sie gleich Friedensarbeit. Ohne Vorauswahl werden die Kinder im Alter von vier Jahren aufgenommen, sie entstammen allen sozialen Schichten. Stolz verweist die Ordensfrau deshalb auf die Abitur-Quote von 94 Prozent. Und jeder dritte Abiturient schließt mit Auszeichnung ab. Auf noch etwas ist die Nonne stolz: dass man die Klassenstärke verkleinert hat. Doch sei man noch nicht am Ziel von 35 Kindern pro Klasse angelangt. Die Schuluniform hält Schwester Klara übrigens für „ein Geschenk Gottes", das die Unterschiede zwischen Arm und Reich wegwische.

Nie waren christliche Privatschulen in Israel bei Fördermitteln den staatlichen Schulen gleichgestellt. Sie erhielten nur etwa drei Viertel der Summe, die öffentliche Schulen bekamen. Nun droht der finanzielle Kollaps: Die landesweit 47 kirchlichen Privatschulen mit 33.000 Schülern und 3.000 Lehrern befinden sich nach Ansicht des Lateinischen Patriarchats in einer „beispiellosen Krise." Dies sei vor allem auf die Kürzung der staatlichen Zuschüsse um 45 % in den vergangenen sechs Jahren zurückzuführen. Dass die nach einem Schulstreik im Herbst 2015 vom Bildungsministerium zugesagte Nachzahlung

Äbtissin Maria Bushra Zehentmayr.

von umgerechnet 11,4 Millionen Euro bis heute nicht gezahlt worden ist, belastet das Budget der Schulen enorm (Quelle: DVHL Newsletter 6/2016). Schwester Klara meint, die israelische Regierung wolle die christlichen Schulen am liebsten abschaffen. Wenn es aber keine christlichen Schulen mehr gibt, „dann ist die Gefahr, dass die Christen auswandern, sehr groß", so die Mittsiebzigerin. „Die christlichen Schulen sind in Israel unverzichtbar. Sie sind das stabile Fundament, wenn christliches Leben und christliche Präsenz in diesem Land eine Zukunft haben sollen."

Wiederholt eindrückliche Begegnungen gab es mit Schwester Maria Bushra Zehentmayr. „Die Seele muss mit Freuden im Körper wohnen." Das war einer ihrer Sätze, die hängengeblieben sind. Die das sagt, ist weder Ärztin noch Therapeutin, sondern Nonne. Nicht nur das: Sie ist Äbtissin in einem griechisch-melkitisch-katholischen Kloster in *Nazareth* 67 und stammt aus dem Pinzgau. Doch der Reihe nach: Schwester Maria Bushra (Jahrgang 1939) aus der Erzdiözese Salzburg trat mit 20 Jahren in den Orden der Franziskanerinnen ein. Nach Studien in Italien, England, Frankreich, Syrien und im Libanon sowie einem Einsatz in Pakistan berief man sie nach Nazareth. Sie und ihre Mitschwestern wohnten allerdings 36 Kilometer entfernt, in Maghar, einem Dorf mit christlicher, muslimischer und drusischer Bevölkerung. Die Christen dieses Ortes gehören alle der griechisch-melkitisch-katholischen Kirche an. Deshalb habe der Bischof die Schwestern gebeten, einmal im Monat einen Tag im griechisch-melkitisch-katholischen Kloster in Nazareth zu verbringen, um mit der byzantinischen Liturgie vertraut zu werden. Imponiert haben ihr die Einfachheit des Lebens sowie das Singen der ganzen Liturgie von Anfang bis Ende, das sei ein „wirklicher Dialog zwischen Volk und Priester". Die orientalische Tradition bezeichnet sie schlicht als „himmlisch". Hin- und hergerissen zwischen römisch-katholischer und melkitischer Kirche, prüfte sie sich in Klaustration und entschied sich für die orientalische Kirche. „Seit 13. Juli 1982 bin ich hier", sagt sie und bekennt: „Das Leben ist nicht einfacher geworden." Aber jeder Mensch braucht ihrer Meinung nach eine Herausforderung, wenn er wachsen will. „Unser Ziel muss immer ein bisschen weiter sein. Es muss etwas sein, das uns anzieht und uns über uns hinausführt."

Das Kloster beherbergt gerade einmal sechs Schwestern – aus fünf Nationen; alle sind zwischen 70 und 90 Jahre alt. „Wir sind nicht mehr ganz jung", gesteht Mutter Bushra. Nachwuchs gebe es nicht, doch ist sie zuversichtlich. „Wenn das Kloster das Werk Gottes ist, dann wird er schon schauen, dass es irgendwie weitergeht."

Tabgha am See Genesareth

In *Tabgha* 68 , am Ort der Brotteilung und -vermehrung am See Genesareth, teilen Sommer für Sommer Israelis und Palästinenser ihre Zeit miteinander. Im benediktinischen Beit Noah, dieser Oase am Pool, gespeist von einer der sieben warmen Quellen Tabghas, treffen sich Gruppen palästinensischer und israelischer Behinderteneinrichtungen. Die behindertenfreundliche Begegnungsstätte, erklären die deutschen Benediktiner,

Bei Israelis und Palästinensern gleichermaßen beliebt: der Pool.

biete „Platz für viele verschiedene Menschen, so wie seinerzeit Noah in seiner Arche viele beherbergte". So begegnen sich an einem der schönsten Orte im ganzen Heiligen Land Menschen unterschiedlicher Herkunft und Kultur, Religion und Sprache und lassen so „die Möglichkeit von Versöhnung und Frieden sehr real werden."

Jordanien

Auch für Jordanien sind verlässliche Zahlen des christlichen Bevölkerungsanteils schwer zu erhalten, das ist vor allem den Kriegen im Irak und in Syrien geschuldet, von wo möglicherweise über ein Million Menschen ins Königreich geflohen sind. Bei schätzungsweise 175.000 bis 250.000 Christen unter etwa 7,7 Millionen Einwohnern ist der Prozentsatz der Christen doppelt so hoch wie in Israel. Neun der 110 Sitze im Parlament sind für Christen reserviert.

Dutzende von Einrichtungen, vor allem der römisch-katholischen, der anglikanischen sowie der lutherischen Kirche, laden zum Besuch ein: die renommierte Mädchenschule *The Ahliyyah School for Girls* 69 sowie die nach dem schwäbischen Missionar benannte *The Theodore Schneller School for Boys* 70 in der Hauptstadt Amman. In Nordjordanien freut sich *The Arab Episcopal School* 71 in Irbid über den Besuch von Glaubensgeschwistern. In Madaba bietet sich ein Besuch in der römisch-katholischen Kirche *St. Johannes Enthauptung* 72 sowie ein Besuch der *AUM, der Arabischen Universität Madaba* 73, einige Kilometer außerhalb der für ihr antikes Fußbodenmosaik bekannten Stadt gelegen. An dieser im Grundriss eines Fisches errichteten Universität studieren 1.700 Studenten aus 30 Nationen. 30% der Studierenden sind Christen, 70% sind muslimischen Glaubens. Im Gespräch betont der Präsident, dass die Hochschule einzigartig sei: „Wir sind amerikanisch, jordanisch und katholisch." Auf dem Campus „herrschen ein katholischer Geist, Liebe und Frieden". Die Hochschule ist eine Initiative des Lateinischen Patriarchats Jerusalem. Papst Benedikt XVI. segnete 2009 den Grundstein der Hochschule im Beisein von Abdullah II., dem König Jordaniens, 2011 begann der Vorlesungsbetrieb in englischer Sprache. An sieben Fakultäten kann man beispielsweise Wirtschaft und Finanzen, Rechnungswesen, Elektrotechnik, Pharmazie, Biologie und Biotechnologie, Physik und Materialwissenschaften, aber auch Sprachen sowie Graphisches Design studieren. (In jüngster Vergangenheit hörte man von finanziellen Unregelmäßigkeiten, was, wie erwähnt, im Nahen Osten nichts Ungewöhnliches ist.) Gottesdienste kann man mit den einheimischen Christen nicht nur in den Städten feiern, zum Beispiel *Stella Maris* in Aqaba 74 (röm.-kath.) oder *Zum Guten Hirten* in Amman 75 (luth.), sondern auch in kleinen Orten wie Safout, Na'our oder Mafraq.

AUM – Arabische Universität Madaba.

Abschließende Bemerkungen

Ich habe hier 75 Begegnungsmöglichkeiten aufgezeigt; natürlich existieren Dutzende weiterer Einrichtungen und Organisationen, die sich über Besuche von Pilgergruppen freuen. Von Reiseleiterkollegen sowie von Priestern im Heiligen Land sind mir wiederholt auch folgende Einrichtungen ans Herz gelegt worden:

Haifa 76
Haus Gnade (House of Grace) – Betreuung von Strafentlassenen / Unterstützung bedürftiger Familien

Tel Aviv 77
Pastoralzentrum *Our Lady Women of Valor* in Süd-Tel Aviv / Migrantenseelsorge für Filipinos, Inder, Äthiopier, Eritreer, Sri Lanker, Rumänen und Ukrainer / fünf Sonntagsmessen / Katechismuskurse / Jugendaktivitäten / Kleinkinderbetreuung.

Nes Ammim 78
Christliches Dorf zwischen Akko und libanesischer Grenze (Gründung 1963): Versöhnungsarbeit zwischen Christen und Juden.

Jericho 79
YMCA-Berufsausbildungszentrum (VTC) für Elektriker, Schreiner, KfZ-Mechaniker, Finanzbuchhalterinnen sowie Ausbildungsgänge für Kältetechnik und Web-Design; unterstützt vom Evangelischen Jugendwerk in Württemberg / EJW-Weltdienst. – In Jericho kann man die Sonntagsmesse in der römisch-katholischen Pfarrei *Zum Guten Hirten* 80 mitfeiern (Schule nebenan).

Begegnungen mit Drusen, Juden und Muslimen

Exemplarisch sollen hier einige Begegnungsmöglichkeiten mit Drusen, Juden und Muslimen aufgezeigt werden.

Drusen

Im Berg- und Grenzort Majdal Shams auf dem Golan empfiehlt sich ein Gespräch bei der drusischen Menschenrechtsorganisation *al-Masdar*, die von Misereor unterstützt wird. Dabei erfährt man etwas über die vielschichtigen Probleme der circa 25.000 syrischstämmigen Drusen auf dem 1980 von Israel annektierten Golan, angefangen von Baugenehmigungen/Raumplanung und „Staatenlosen" über Verletzte und Tote durch Minenexplosionen bis hin zur ungleichen Wasserverteilung zwischen jüdischen und drusischen Landwirten.

Juden

Einmal einen Schabbatgottesdienst miterleben? Das kann man in einigen der etwa 1.000 Synagogen Jerusalems. Wiederholt war ich mit Gruppen in der reformorientierten *Har-El-Synagoge* in West-Jerusalem, der eine Rabbinerin vorsteht. Gegründet wurde die kleine Gemeinde vor über 50 Jahren vom aus München stammenden Shalom Ben-Chorin (ehemals Fritz Rosenthal, 1913–1999) und seiner Frau Avital. Die über 90-Jährige feiert so oft wie möglich den Shabbat-Begrü-

Avital Ben-Chorin stammt aus Eisenach.

ßungsgottesdienst am Freitagabend mit. Gruppen müssen sich mindestens drei Monate im Voraus anmelden und erhalten vor dem Gottesdienst eine 15-minütige Einführung.

Gespräche und Touren (zum Beispiel durch den geteilten Grenzort Barta'a) bietet das Friedenszentrum *Givat Haviva* in *Zichron Ya'akov* unweit Haifa an. Die Bildungs- und Begegnungsstätte engagiert sich für eine friedliche, tolerante Gesellschaft und ist die älteste und größte israelische Einrichtung im Bereich der jüdisch-arabischen Verständigungsarbeit.

An sechs Orten Israels, darunter in Jerusalem, existieren *Hand-in-Hand-Schulen*, an denen insgesamt etwa 1.500 israelisch-jüdische und israelisch-palästinensische Kinder gemeinsam lernen.

In etlichen Kibbuzim sind Rundgänge und/oder Informationsgespräche mit einem Mitglied (Kibbuznik) für Übernachtungsgäste möglich, u.a. in Ein Gev, Ma'agan oder Ginnosar (alle am See Genesareth) oder in Sha'ar HaGolan, wenige Kilometer südlich des Sees.

Dankbar sind Mitarbeiter israelischer Menschenrechts- und Friedensorganisationen, wenn Gruppen sich für ihre Sisyphos-Arbeit interessieren. Aus eigener Erfahrung empfehle ich *Breaking the Silence,* die Vorträge sowie Touren nach Hebron und in die Süd-Hebron-Berge anbieten.

Mehrere Hundert Ex-Soldatinnen und -soldaten gehören zu dieser Vereinigung, die bis heute das Schweigen bricht. Sie leben in Jerusalem, Tel Aviv und anderen Landesteilen und kommen auch zu Gruppen ins Hotel. *Gush Shalom* und *Checkpoint Watch* haben in Tel Aviv ihr Büro. Bei der letztgenannten, einer von Frauen geleiteten Menschenrechtsorganisation, sprechen mehrere Deutsch und kommen zum Gespräch auch gerne ins Hotel (sogar in Bethlehem oder Beit Jala).

Eine politische Stadtführung in Jerusalem und Umgebung mit *ICAHD,* dem *Israelischen Komitee gegen Hauszerstörung,* leiten Professor Jeff Halper, Jessica Katz, Yaniv Mazor oder Ruth Edmonds. Binnen drei Stunden werden einem bei den Themen Hausabriss, Landenteignung, Siedlungspolitik und Vernachlässigung von Ost-Jerusalem die Augen geöffnet. Auch die alternative Führung der kritischen israelisch-jüdischen Archäologen von *Emek Shaveh* in Jerusalems Davidsstadt, *Ir David,* ist ungemein aufklärend.

Gespräche oder Touren bieten viele weitere Organisationen an, darunter der *Parents Circle* palästinensischer und israelischer Hinterbliebener, *Zochrot* (hebr. für Erinnern), *Ir Amim* (hebr. Stadt der Völker) sowie die *Rabbiner für Menschenrechte* oder *Combattants for Peace*. Die meisten erwarten eine Spende, manche haben einen festen Honorarsatz, der bis zu 500 US-$ pro Gespräch betragen kann.

Muslime

Mustafa Abu Sway, selbst palästinensischer Muslim und Professor für Islamwissenschaften, ist bereit, über seine Religion sowie den interreligiösen Dialog zu sprechen (auf Englisch). „Birr" sei der islamische Begriff für geschwisterliches Miteinander und das verlange der Koran für den Umgang mit Christen und Juden. Den Autor von *Jerusalem im Islam* kann man an einem vereinbarten Ort in der Altstadt von Jerusalem oder an seinem Arbeitsplatz, der Al-Quds-Universität in Abu Dis, treffen.

In Bethlehem kann man das mehrfach ausgezeichnete Zentrum für Konfliktlösung und Versöhnung *Center for Conflict Resolution and Reconciliation (CCRR)* besuchen und mit dem Gründer und Direktor Noah Salameh ins Gespräch kommen. Der Sohn palästinensischer Flüchtlinge sieht es als seinen Auftrag an, Demokratie, Menschenrechte und Gerechtigkeit in seiner Gesellschaft ebenso zu stärken wie die Kultur der Gewaltlosigkeit.

Yehuda Shaul (links), derzeit Direktor für internationale Beziehungen bei *Breaking the Silence,* im Gespräch mit einem Siedler.

Wie plane ich eine Reise?

18 Monate vor Beginn der Reise	**17 Monate** vor Beginn der Reise	**16 Monate** vor Beginn der Reise	**15 Monate** vor Beginn der Reise	**14 Monate** vor Beginn der Reise

Der Pfarrer, die Pfarrerin, der Bildungsreferent, kurz: der Gruppenverantwortliche (GV) entscheidet, ob er eine Israel-Palästina-Reise oder eine Kombi-Reise Israel–Palästina–Jordanien (siehe „Bewährte Reiseverläufe", ab Seite 106) anbieten möchte.

– Kontaktaufnahme mit einem Reiseveranstalter (auch Reise-Agentur genannt; siehe Empfehlungen)

– Festlegung des Zeitraums der Reise, zum Beispiel Pfingstferien, KW 15/16 oder nach Allerheiligen; dabei wird ein Wunschabreisetag festgelegt. Die Hotels sollten jetzt schon gebucht werden. Der GV nennt der Agentur eine Circa-Teilnehmerzahl. Manche Pfarrer versichern: Ich möchte nicht mehr als 25 mitnehmen. *Empfehlung aus Erfahrung (EaE):* Lassen Sie die Agentur fünf Plätze mehr reservieren.

– Programmerstellung: allein oder zusammen mit dem Reiseveranstalter. Dabei soll der GV Wünsche für Gottesdienste/Andachten samt Wunschzeiten dem Reiseveranstalter mitteilen.

TIPP
Auf http://www.cicts.org/default.asp?id=432 findet man alle Orte mit Gottesdienstmöglichkeiten.

ACHTUNG
Manche Orte sind katholischen Gruppen vorbehalten.

Der GV kündigt die Reise erstmals an (in manchen Firmen muss 12 bis 15 Monate im Voraus Urlaub eingereicht werden!) und nennt einen Circa-Preis.

Wann beginne ich mit der Reiseplanung?

Um in Ruhe eine Heilig-Land-Reise für die Pfarrei, die Kirchengemeinde, den Chor oder ein Bildungshaus planen zu können, sollte man 18 Monate vorher mit den ersten Überlegungen beginnen. Aus Erfahrung rate ich zu folgendem Vorgehen:

13 Monate vor Beginn der Reise	**12 Monate** vor Beginn der Reise	**11 Monate** vor Beginn der Reise	**10 Monate** vor Beginn der Reise

355 Tage vor der geplanten Reise (gerechnet vom Rückreisetag ab Tel Aviv/Amman) fragt die Agentur bei einer Fluggesellschaft / Fluggesellschaften an. Mitunter liegen für denselben Flug mehr Anfragen vor, als Sitzplätze zur Verfügung stehen, sodass die Reise einen Tag früher oder später stattfinden muss.
Der GV teilt der Agentur mit, ob der Bustransfer, Trinkgelder oder Begegnungsspende (empfehlenswert) Teil des Paketes sein und daher in den Gesamtpreis eingerechnet werden sollten. Sobald der Flugpreis und die Höhe dieses Aufschlags feststehen, erstellt der Reiseveranstalter eine rechtsverbindliche Ausschreibung mit Leistungskatalog, Zahlungskonditionen, Programm sowie Anmeldeformular.

Der erste (unverbindliche) Info-Abend findet statt: Es werden Bilder oder ein Film gezeigt, um auf die Reise einzustimmen. Agenturen stellen dafür Material sowie Karten und Prospekte zur Verfügung.

– Die Pfarrei/Gruppe/der Chor/das Bildungshaus kündigt die Reise auf der Internetseite / im Pfarrbrief / in der örtlichen Zeitung an.

– Ab sofort kann man sich anmelden. Reisende sollten überlegen, ob sie eine Reiserücktrittsversicherung abschließen wollen oder darüber schon durch den Erwerb einer Golden/Platin/ADAC/…-Karte verfügen. Eine Auslandskrankenversicherung sollte abgeschlossen werden. Reise-Agenturen bieten Rundum-Sorglos-Pakete an.

| **9 Monate** vor Beginn der Reise | **8 Monate** vor Beginn der Reise | **7 Monate** vor Beginn der Reise | **6 Monate** vor Beginn der Reise | **5 Monate** vor Beginn der Reise |

Zweiter Info-Abend für „Reisewillige"; mögliche Themen sind:
- Judentum/Islam
- Christen des Hl. Landes
- Vielfalt der Kirchen im Hl. Land
- der Nahostkonflikt

(Der Autor steht für alle Themen als Referent zur Verfügung.)

Dritter Info-Abend; mögliche Themen: Was bedeutet Pilgern/Wallfahren heute? Oder eines der bislang nicht behandelten Themen. Die Reisenden erhalten Hinweise auf Vorbereitungsliteratur und -filme. Eventuell schaut man einen Film gemeinsam an.

Der GV lässt sich zwei bis drei Angebote von örtlichen Busunternehmen unterbreiten oder kontaktiert ein Busunternehmen seines Vertrauens (Ist der Bustransfer Teil des Leistungspakets? Es empfiehlt sich; s.o.). Der Bus zum Flughafen, falls es mit öffentlichen Verkehrsmitteln zu umständlich oder kostspielig sein sollte, muss jetzt bestellt werden.

Spätestens jetzt ist Anmeldeschluss (variiert von Agentur zu Agentur, liegt jedoch immer zwischen drei und fünf Monaten vor Reisebeginn). Der Reiseveranstalter muss die Namen der Teilnehmer (laut Reisepass) an die Fluggesellschaft melden.

4 Monate vor Beginn der Reise	**3 Monate** vor Beginn der Reise	**2 Monate** vor Beginn der Reise	**1 Monat** vor Beginn der Reise

Vierter / letzter Info-Abend (3–5 Wochen vor Reisebeginn). Eventuell kann jemand aus der Reiseagentur dabei sein. Themen: Aktuelle Lage in Israel/Palästina/Jordanien (Reisehinweis des Auswärtigen Amtes) / Was packe ich in den Koffer, was nicht? / Wie halten wir es mit dem Geldumtausch? / Wie ist das Preisniveau in Israel/Palästina bzw. Jordanien? / Stornierung aus Krankheitsgründen ... Abfahrtszeit des Busses zum Flughafen / Fragen der Reisenden

In den letzten vier Wochen vor Reisebeginn:
Obwohl die im Heiligen Land ansässige Partneragentur des deutschen Reiseveranstalters die gewünschten Gottesdienstorte im *Franciscan Pilgrims Office FPO* zum frühestmöglichen Zeitpunkt bestellt hat, gehen nicht alle Wünsche in Erfüllung. Frage an den GV: Könnten Sie am Tag XY auch eine oder drei Stunden später kommen? Oder: Darf es ein anderer Gottesdienstplatz sein?
Folge: Das Programm muss umgestellt werden, was bei den meisten Gruppen der einheimische Reiseleiter in Eigenregie umsetzt. Sollte der aus Deutschland/Österreich/der Schweiz stammende GV im Besitz einer Grünen Karte (siehe S. 103) sein und deshalb ohne einheimischen Guide führen dürfen, muss er (oder die Agentur) die Umstellung alleine vornehmen.

Zu den Info-Abenden

Nicht mit jeder Gruppe werden sich vier Info-Abende umsetzen lassen. Mancher Gruppenverantwortliche (GV) möchte oder kann vielleicht nur zwei Abende anbieten, immerhin! Aus Erfahrung möchte ich aber dazu ermutigen, über ein Jahr verteilt vier Abende zu gestalten, was mehrere Vorteile hat: Die Wallfahrer lernen sich kennen und bekommen häppchenweise Informationen zu einem vielschichtigen Reisegebiet, sei es zum israelisch-palästinensischen Konflikt, zu Judentum und Islam, zur Minderheit der palästinensischen Christen oder zur biblischen Archäologie. Zudem können inhaltliche und praktische Fragen rechtzeitig geklärt und Literatur- und Filmtipps gegeben werden.

Ich zeige bei solchen Abenden auch immer eine kleine Bilderschau zur Wüstenwanderung im Wadi Qelt, die ich gerne in Reiseprogramme einbaue. Dieser halbe Tag in der Wüste tut erfahrungsgemäß sehr gut und not, um die Eindrücke von heiligen Stätten oder durch Begegnungen gehend „nachzuarbeiten". Die Bilderschau enthält auch Fotos von den Trittsicherheit erfordernden Stellen der mehrstündigen Wüstentour. Danach können die Reisenden besser einschätzen, ob sie sich die Wanderung zutrauen. Teil 1: Einstieg beim Aussichtspunkt unweit Mitzpe Jericho bis St. Georgskloster: 2,5–3 h; Teil 2: Kloster bis Stadtrand Jericho 1,5 h. Alternative: Kurzvariante Busparkplatz vis-a-vis Kloster – Serpentinenstraße – Kloster (30–40 Minuten, komplett asphaltiert, auch mit Esel-„Taxi" machbar).

Die Besichtigung der Kirche ist seit 2015 nur mit Erlaubnis des griechisch-orthodoxen Patriarchates Jerusalem möglich.

Wüstenwanderung: Wie viel trauen Sie sich zu?

Reiserouten: Grundsätzliches und Praktisches

Bei der Reiseplanung sind vor allem zu berücksichtigen:

Soll es „nur" eine Israel-Palästina-Reise werden? Für Erstreisende ist dies sinnvoll. Bei einer Zweit- oder Drittreise kann man überlegen, neue Ziele oder Länder (zum Beispiel Jordanien) mit ins Programm zu nehmen. Bezüglich Ägypten besteht (25.1.17) eine Teil-Reisewarnung des Auswärtigen Amtes. Für eine Israel-Palästina-Reise halte ich aus Erfahrung eine *neun- oder zehntägige Reise* für sinnvoll, weniger erzeugt nur Hetze.

Muss bei der Wahl des Reisezeitraums Rücksicht auf Schulferien genommen werden? Wann sind die wichtigen jüdischen Festtage wie Pessach, Rosh Hashana (Neujahr), Yom Kippur (Fast- und Versöhnungstag) oder Sukkot (Laubhüttenfest)? Während dieser teilweise mehrtägigen Feiertage sind jüdische Hotels in Israel entweder ausgebucht oder übertrauert, oft beides. An Yom Kippur ruht das jüdische Israel für einen ganzen Tag, alles ist geschlossen, sogar der Flughafen. Fernseh- und Radiosender machen Sendepause und Autobahnen werden gesperrt. Deshalb muss das Programm an diesem höchsten jüdischen Feiertag so gestaltet sein, dass man ohne Bus auskommt (zum Beispiel Altstadt von Jerusalem zu Fuß) oder mit diesem nur in nichtjüdischen Gegenden (zum Beispiel in und um Nazareth) unterwegs ist.

Wann ist der „westliche" Ostertermin, wann feiern die orthodoxen Kirchen nach dem julianischen Kalender? Alle paar Jahre fallen beide Termine zusammen, was zu einem Pilgerstau vor allem in Jerusalems Altstadt führt.

Muss die Reisegruppe besonders auf den Preis achten, weil vielleicht Familien mit Kindern mitfahren möchten? Dann sollte man in der Nebensaison reisen und günstige christliche Gästehäuser statt vornehmer (aber zum Teil auch unpersönlicher) Hotels buchen. Nebensaison ist im Winter und im Hochsommer. Risiko einer Reise zwischen November und März: eventuell Tage mit Schnee, Hagel, Dauerregen oder starken Böen.

Wo soll die Israel-Palästina-Reise beginnen? Hier gibt es *drei Möglichkeiten:*

Viele Veranstalter lassen die Reise *im Norden* beginnen, in Galiläa. Man besucht Nazareth (manchmal auch Kana) und die heiligen Stätten am See Genesareth. Man gedenkt der Kindheit Jesu und des Beginns seines öffentlichen Wirkens. Dann zieht man mit ihm nach Jerusalem auf die Via Dolorosa und feiert die Auferstehung. In einem Tagesausflug kehrt man in Bethlehem an den Anfang zurück – mit dem Besuch der Geburtsbasilika. Bei dieser Variante empfehle ich *zwei Quartiere:* eines im Norden und eines in Jerusalem oder Bethlehem. Dabei ist ein Quartier in Nazareth günstiger als eines am See. Vorteil eines See-Quartiers: Problemloses Baden vor dem Frühstück oder dem Abendessen. Ebenso ist zu bedenken: Ein Hotel in Bethlehem kommt pro Nacht und Person im Schnitt 20 bis 30 € günstiger als eines im acht Kilometer entfernten Jerusalem.

Oder man startet *im Zentrum des Landes* mit Bethlehem/Jerusalem und lässt die Reise in Galiläa ausklingen. Auch das lässt sich biblisch begründen: Die Erscheinung des Auferstandenen am

See Genesareth soll am Ende der Reise stehen. Vorteile: Pilger erleben Bethlehem und Jerusalem oft als hektisch und quirlig, spüren die Spannungen des Konfliktes, sind verwirrt und manchmal auch überwältigt ob der vielen Eindrücke. Umso mehr genießen sie am Ende der Reise die Ruhe am See. Man gibt den vielen Eindrücken aus dem Ameisennest Jerusalem die Chance, sich setzen zu lassen. *Dritte Variante: Bethlehem – Galiläa – Jerusalem.* Das ist nun streng chronologisch-biblisch. Nachteil: Statt zwei braucht man drei Quartiere. Vorteil: Man unterstützt nicht nur die christlichen Hoteliers in Bethlehem, sondern auch in Jerusalem.

Reiseveranstalter

Es gibt Gruppenverantwortliche, die sich sehr gut im Heiligen Land auskennen oder sich durch entsprechende Lektüre auf dem Laufenden halten. Wieder andere waren noch nie vor Ort und sind bei der Planung etwas hilflos. Im deutschsprachigen Raum bringen über 100 Reiseveranstalter Gruppen ins Heilige Land. Aufgrund meiner Erfahrung möchte ich sechs nennen, die erstens seriös sind, zweitens seit Jahrzehnten Erfahrung haben und drittens darauf achten, dass für die palästinensische Seite nicht nur Brosamen vom Pilgertourismus abfallen, kurzum: die dem fairen Tourismus verpflichtet sind.

Sie alle verfügen über Kontakte, um Begegnungen mit Christen, aber auch mit Muslimen und Juden ins Programm einzubauen. Auch können sie einen gemeinsamen Sonntagsgottesdienst mit palästinensischen Christen ermöglichen. *Charisma* ist zusammen mit seiner Bethlehemer Partneragentur *CROWN* zudem imstande, statt in einem Bethlehemer Hotel eine Unterbringung in palästinensisch-christlichen Familien zu ermöglichen; die anderen hier erwähnten sollten das auch leisten können.

Charisma
Regensburg
Ansprechpartner: Frau Platzer
www.charismareisen.de

TOBIT
Reisen zwischen Himmel und Erde
Limburg
Ansprechpartner:
Frau Gilberg oder Herr Hoffmann
www.tobit-reisen.de

Bayerisches Pilgerbüro
München
Ansprechpartner:
Herr Neubarth oder Frau Ganz
www.pilgerreisen.de

Biblische Reisen
Stuttgart
Ansprechpartner: Frau Stratmann
www.biblische-reisen.de

Reisemission
Leipzig
Ansprechpartner: Frau Pauli
www.reisemission-leipzig.de

Deutscher Verein vom Hl. Lande
Köln
Ansprechpartner:
Herr Doll und Herr Schlacher
www.heilig-land-reisen.de/reisespezialisten

Alle, die vielleicht einen Reiseveranstalter ihres Vertrauens oder ihrer Region mit der Reise beauftragen möchten, sollten im *Erstgespräch* Folgendes klären:

- Wie heißt die Partneragentur im Heiligen Land? Wo ist sie ansässig?

- Arbeitet der deutsche/österreichische/Schweizer Reiseveranstalter bzw. seine Partneragentur mit christlichen Gästehäusern zusammen?

- Verfügt der Reiseveranstalter bzw. die Partneragentur über Kontakte zu christlichen Einrichtungen und Gesprächspartnern?

- Achtet man bei der Reiseplanung darauf, dass beide Seiten gleichermaßen von der Reise profitieren?

- Steigt man auf „beiden Seiten" ab?

- Arbeitet der Reiseveranstalter mit israelischen *und* palästinensischen Reiseleitern zusammen?

- Wie steht er zum fairen Tourismus?

- Wie stellt der Reiseveranstalter die politische, gesellschaftliche und religiöse Lage in Israel/Palästina dar?

- Weist er auf den völkerrechtlichen Status der Pilger- und Besuchsorte hin?

- Welches Kartenmaterial verwendet der Reiseveranstalter?

- Blickt man auf der Reise auch hinter die touristischen Kulissen?

- Sie können darum bitten, dass auch palästinensische Hotels/Gästehäuser und Reiseleiter gebucht werden (dazu unten mehr)!

- Wählen Sie den Titel Ihrer Reise mit Bedacht! Besuchen Sie Stätten in den besetzten palästinensischen Gebieten, dann machen Sie dies auch in der Ankündigung deutlich, zum Beispiel: *Pilger- und Begegnungsreise nach Israel und Palästina* oder *Studienreise zwischen Mittelmeer und Jordan.*

Gästehäuser

Allein in *Jerusalem* laden 30 christliche Gästehäuser Pilger und Touristen ein. Die meisten liegen in der Altstadt oder in ihrer Nähe.

Meiner Meinung nach sprechen fünf Punkte für ein solches Gästehaus:

- die (meist) traumhafte und zentrale Lage

- durch unsere Übernachtung in einem Gästehaus unterstützen wir Orden, kirchliche Einrichtungen und die dort beschäftigten einheimischen Christen

- der Preis (häufig günstiger als in einem Hotel)

- die Atmosphäre ist familiär, Bau und Ambiente oft außergewöhnlich

- die Größe: Die meisten Gästehäuser können zwei bis drei Gruppen beherbergen. In Hotels findet man sich manchmal in einem Speisesaal mit Hunderten von Menschen wieder.

Aus eigener Erfahrung kann ich vorbehaltlos die *folgenden Gästehäuser empfehlen:*

In der Altstadt
- Österreichisches Hospiz
  (man spricht Deutsch)
- Ecce Homo
- Greek Catholic Patriarchate Foyer
- Knights Palace
- Gloria Hotel
  (mit Knights Palace verbunden)
- Lutheran Hospice
- Foyer Mar Maroun

Außerhalb der Altstadt
- Paulushaus
  (man spricht Deutsch)
- Maison D'Abraham
- Rosary Sister's Convent Guesthouse
- St. Georges Cathedral Guesthouse
- St. Charles, Borromäerinnen
  (man spricht Deutsch)

Natürlich existieren Unterschiede im Komfort: So gibt es Häuser mit Fernseher auf den Zimmern, andere haben einen gemeinsamen Fernsehraum. In manchen lädt eine Dachterrasse mit wunderschöner Aussicht zum Verweilen ein, in Häusern ohne Aussicht ist dagegen vielleicht das Frühstücksbüfett üppiger.

Die restlichen Gästehäuser kenne ich nur von außen – sie werden sicher einen zufriedenstellenden Standard haben. Da kann der Reiseveranstalter behilflich sein. Er ist auf dem Laufenden und kann über Änderungen bezüglich der Hausleitung, etwaige Renovierungsmaßnahmen, An- und Umbauten Auskunft geben.

> **TIPP**
>
> Kontaktdaten finden Sie auf der Seite des *Christian Information Centre* unter www.cicts.org/default.asp?id=672

Auch in *Bethlehem* laden etliche Gästehäuser ein. Von dem knappen Dutzend dieser Häuser kenne ich jedoch nur zwei, von denen ich eines sehr empfehle: das gegenüber der Universität gelegene St. Vincent Guest House.

In Bethlehems Nachbarort *Beit Jala* kenne ich das Gästehaus auf dem Schulgelände von Talitha Kumi sowie die im Ortszentrum gelegene Abrahamsherberge. Auch auf palästinensischer Seite sind die christlichen Unterkünfte in *Ramallah* und im malerischen *Taybeh*.

Weitere christliche Gästehäuser finden sich in *Jaffa, Nazareth, Akko, Haifa, Tiberias* sowie auf dem *Berg Tabor* (Casa Nova), zudem in *Kiriat Yearim* (unweit Jerusalem).

See Genesareth: Die einzige christliche Übernachtungsmöglichkeit direkt am See ist das Pilgerhaus des *Deutschen Vereins vom Heiligen Lande (DVHL)* nahe *Tabgha*, dem Ort der Brotteilung. Möchte man im Frühjahr oder Herbst dort ein freies Bett finden, sollte man zwei Jahre im Voraus anfragen; relativ gute Chancen hat man dagegen im Januar/Februar oder während der schwül-heißen Sommermonate.

Etwa 30 Gehminuten vom See – dafür mit traumhafter Aussicht auf diesen – liegt das komfortable Gästehaus der Franziskanerinnen auf dem *Berg der Seligpreisungen*. Für 2017 ist die Eröffnung des Gästehauses von *Magdala* (direkt am See) geplant, das dem *Orden der Legionäre Christi* gehört.

Empfehlenswert sind auch folgende Kibbuz-Feriendörfer (Kfar Nofesh): *Ein Gev* am Ostufer, am Südende des Sees *Ma'agan* oder auf der westlichen Seite *Nof Ginnosar*. Alle drei verfügen über einen eigenen Strandzugang.

Wer führt eine Gruppe?

Wer im Heiligen Land mit einer Gruppe von mehr als acht Personen unterwegs ist, braucht einen lizenzierten Führer (Guide). Das kann ein israelischer Reiseleiter (Jude, Christ oder Muslim) sein, der vor dem israelischen Tourismusministerium seine Prüfung abgelegt hat. Manche Gruppen sind mit einem palästinensischen Reiseleiter unterwegs (Christ oder Muslim), der vor dem palästinensischen Tourismusministerium sein Wissen unter Beweis gestellt hat (derzeit haben allerdings nur 25 von ihnen die Zulassung, auch in Israel zu führen). Gruppenverantwortliche – und das ist leider oft nicht bekannt – können ihre Reiseagentur bitten, einen einheimischen christlichen Reiseleiter zu buchen. Bei rechtzeitiger Anfrage sollte der Wunsch in Erfüllung gehen. Aus Erfahrung muss ich sagen: Klagen über nicht-christliche Reiseleiter im Heiligen Land sind leider keine Seltenheit. Die Beschwerden reichen von mangelnden Deutschkenntnissen, Streben nach Nebengeschäften und ständigen Hinweisen auf israelische Siege in Kriegen über nationalistische Propaganda bis hin zu mangelnder Wertschätzung für das Christentum. Die dritte Art von Lizenz ist die sogenannte Grüne Karte, die einen als *Spirituellen Führer* ausweist. Diese wird von der *Bischöflichen Kommission für christliche Wallfahrten* in Jerusalem ausgestellt. Voraussetzungen sind Studien der Theologie und die Beauftragung durch den zuständigen Bischof oder Ordensoberen. Eine weitere Voraussetzung müssen Priester und Ordensleute allerdings noch erfüllen: Sie müssen mindestens viermal im Heiligen Land gewesen sein und sollten über gute Englischkenntnisse verfügen. Wer als Priester/Pfarrer/Pfarrerin/Ordensmann (vorausgesetzt die obengenannten Bedingungen sind erfüllt) seine Gruppe selbst durch das Heilige Land führen will, anstatt sich einem ihm unbekannten Guide für zehn Tage anzuvertrauen, sollte sich beizeiten mit dem Bischof oder Ordensoberen in Verbindung setzen, das Antragsformular im Internet herunterladen, auf Deutsch ausfüllen und versenden, so dass es spätestens einen Monat vor Reisebeginn der Kommission in Jerusalem vorliegt (Kosten umgerechnet etwa 35 €, was in der Regel der Reiseveranstalter übernimmt). Wird der Antrag genehmigt, wird, seit Neuestem, die Gültigkeit der Grünen Karte auf die Reisedauer eingeschränkt.

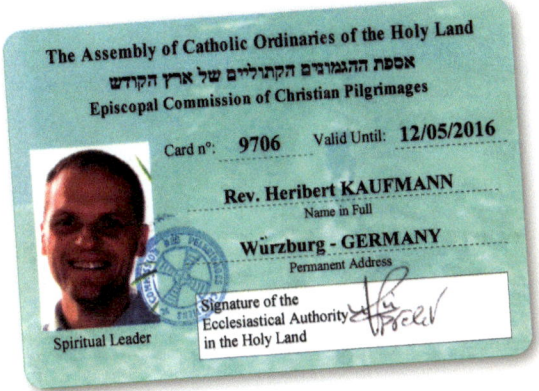

Das israelische Tourismusministerium führt immer wieder Stichprobenkontrollen durch, um zu überprüfen, ob Gruppen mit einem lizenzierten Reiseleiter unterwegs sind. Das kann am Ölberg oder vor der Klagemauer sein, in israelischen Nationalparks wie Massada oder Banias oder vor der Verkündigungsbasilika in Nazareth. Auf palästinensischer Seite wird nur an einem einzigen Ort, dort aber regelmäßig, kontrolliert: Vor der Geburtsbasilika in Bethlehem möchte ein palästinensischer Touristenpolizist die gültige Lizenz des Guides sehen und erkundigt sich nach der Nationalität und Größe der Gruppe sowie der zuständigen Reiseagentur. Diese Daten notiert er. Es ist in israelischen Nationalparks schon vorgekommen, dass Beamte des Tourismusministeriums Besitzern einer gültigen Grünen Karte mitgeteilt haben, sie dürften mit ihrer Lizenz nur an christlichen Stätten führen, nicht aber in Nationalparks. Man habe sogar gegen einen Paragrafen verstoßen, was eine Geldstrafe von 3.000 Shekel (Stand Janaur 2017: ca. 750 €) nach sich ziehe und im Wiederholungsfall zur Ausweisung führen könne. Das sind Einschüchterungsversuche, die jeder rechtlichen Grundlage entbehren. Der Oberste Gerichtshof Israels hat längst entschieden, dass das gesamte Heilige Land heilig ist und folglich Reiseleiter ungeachtet ihrer Religionszugehörigkeit oder Art ihrer Lizenz uneingeschränkt an jedem Ort führen dürfen.

TIPP

Hier kann man den Antrag (Erstausstellung sowie Verlängerung) auf Grüne Karte herunterladen: http://catholicchurch-holyland.com/?page_id=115

Beliebte Wandertour: Wadi Qelt mit Kloster zum hl. Georg von von Choziba (Zypern).

Beginn in Galiläa

Tag 1
Flug nach Tel Aviv.
Busfahrt an den See Genesareth (ca. zwei Stunden). Hotelbezug für vier Nächte am See (wahlweise in Nazareth).

Tag 2
Besuch der hl. Stätten am See. Brotvermehrungskirche Tabgha (Messe/Andacht am Steinaltar Dalmanutha am Ufer). Begegnung mit Mönch oder Mitarbeiter von Beit Noah. Primatskapelle. Berg der Seligpreisungen. Von dort 40-minütiger Spaziergang hinunter zum See. Kafarnaum. Besuch von Magdala. Bootsfahrt über den See.

Tag 3
Nazareth.
Marienbrunnen. Gang durch die Altstadt zur Verkündigungsbasilika und Josefskirche. Besuch im Nazareth-Village, Freilichtmuseum, in der die Zeit Jesu lebendig wird. Dort Martha-Imbiss (Kräutertee, Kichererbsenpüree Hoummus, Thymian-Olivenöl-Paste Za'atar, dazu palästinensisches Zaziki sowie Fladenbrot) oder das Erste-Jahrhundert-Mahl. Rückfahrt zum Hotel (je nach Zeitplan Kana oder Sepphoris). Freizeit.
Wichtig: Imbiss-Vorbestellung zwei Tage im Voraus durch Agentur/ Reiseleiter.

Tag 4
Fahrt zum Banias-Nationalpark. Wanderung zum Wasserfall und weiter nach Cäsarea Philippi (max. 1 ½ Stunden, keine Trittsicherheit erforderlich), dort evtl. Tauferneuerung. Mittagessen bei Drusen (zum Beispiel Birket Ram). Weiter nach Majdal Shams. Gespräch mit der drusischen Menschenrechtsorganisation al-Masdar. Fahrt über den Golan zurück zum Quartier. Freizeit. Nach dem Abendessen, falls man in einem Kibbuzferiendorf übernachtet, Gespräch mit Kibbuznik.

Tag 5
Abreise. Fahrt zum Berg Tabor (Messe/Andacht). Weiterfahrt zur Taufstelle Qaser al-Yahud bei Jericho. Impuls am Zachäusbaum. Fahrt mit Seilbahn zum Berg der Versuchung (dann Treppenweg zum Kloster, ca. 15 Minuten). Weiterfahrt nach Bethlehem. Quartierbezug (oder in Jerusalem) für fünf Nächte. Abendessen. Angebot eines Orientierungsganges.

Bewährte Reiseverläufe

Bei den folgenden Vorschlägen zum Reiseverlauf erwähne ich die Mittagspause nicht eigens. Der Reiseleiter wird, je nach Programm, zwischen 12 und 14 Uhr eine 45- bis 60-minütige Mittagspause einplanen. Tagesbeginn, das hat sich bei fast 50 Reisegruppen bewährt, sollte nicht später als 8 Uhr sein, bei Wüstenwanderungen jedoch deutlich früher. Zusätzlich zu Besichtigungen habe ich hier Besuche in christlichen Einrichtungen eingeplant, jedoch auch die eine oder andere jüdische, drusische oder muslimische Begegnung. Bei einer 10-tägigen Reise halte ich vier bis fünf Begegnungen für sinnvoll.

Jack Giacaman führt seine Werkstatt „Christmas House" in fünfter Generation (Bethlehem, Milchgrottengasse).

Tag 6
Besuch der Hirtenfelder bei Bethlehem. Besuch der Geburtskirche und einer Olivenholzschnitzerei. Gespräch in einer sozialen Einrichtung oder der Universität Bethlehem. Freizeit zum Bummeln rund um den Krippenplatz.

Tag 7
Fahrt nach Jerusalem.
Ölberg mit den drei Heiligtümern: Pater-Noster-Kirche, Dominus flevit (Messe), Garten Gethsemani. Gang über die Via Dolorosa bis zur Grabeskirche. Freizeit im Basar. Nach dem Abendessen kommt ein israelischer oder palästinensischer Friedensaktivist zum Gespräch ins Hotel.

Tag 8 (falls ein Sonntag)
Fahrt nach Taybeh bei Ramallah. Messe mit der palästinensisch-katholischen Pfarrei. Begegnung. Besuch der alten St.-Georgs-Kirche, des Gleichnishauses und der ältesten Brauerei Palästinas. Ortsbesichtigung. Rückfahrt. Nach dem Abendessen kommt ein Vertreter von Kairos Palästina zum Gespräch ins Hotel.

Tag 9
Frühes Frühstück. Fahrt zum Wadi Qelt: Wüstenwanderung (siehe Details weiter vorne) bis Jericho. Bad im Toten Meer. Rückfahrt zum Hotel.

Tag 10
Jerusalem, Teil 2. Frühes Frühstück. Tempelberg (Fr./Sa. geschlossen!). Klagemauer (Bar-Mitzva-Feiern montags und donnerstags). St. Anna. Abendmahlssaal und Dormitio. Fahrt zum Flughafen. Rückflug.

Beginn im Zentrum des Landes

Tag 1
Mit Morgen-, Nachmittags- oder Nachtflug nach Tel Aviv. Fahrt zum Hotel. Fünf Nächte in Bethlehem oder Jerusalem (alternativ: zwei Nächte Bethlehem und drei Nächte Jerusalem).

Tag 2
Bethlehemtag 1: Messe auf den Hirtenfeldern bei Bethlehem – Besuch der Geburtsbasilika – Besuch einer Schnitzerwerkstatt. Besuch der kath. Universität Bethlehem, Rundgang und Gespräch mit Studenten (an der Hotelfachschule kann man auch zu Mittag essen, rechtzeitige Anmeldung erforderlich!). Freie Zeit in Bethlehem. Weinprobe in Cremisan (Weinkeller der Salesianer).

Tag 3
Jerusalemtag 1: Christlicher Zion (Abendmahlssaal, Dormitio-Kirche, Davidsgrab). Ölberg: Pater-Noster-Kirche – Messe in Dominus flevit – Garten Gethsemani. Gespräch mit einem/r in Jerusalem lebenden Deutschen (Pfarrer, Nonne, Friedensfachkraft, Mitarbeiter einer politischen Stiftung etc.).

Tag 4
Jerusalemtag 2: Tempelberg – Klagemauer (Bar Mitzva) – St.-Anna-Kirche. Via Dolorosa – Grabeskirche. Freizeit im Basar. Fahrt nach Yad Vashem (Holocaustgedenkstätte; donnerstags länger geöffnet!). Nach Abendessen: Gespräch mit jüdischer Menschenrechtsaktivistin von Checkpoint Watch im Hotel.

Tag 5
Am Toten Meer: Fahrt zum Toten Meer – Massada via Seilbahn. Besuch von Qumran. Bad im Toten Meer. Rückfahrt. Freizeit.

Tag 6
Wüstenwanderung – Fahrt nach Galiläa: 6 Uhr Frühstück, 7 Uhr Abreise. Wadi Quilt-Wanderung bis Jericho. Jericho mit Zachäusbaum. Besuch der Taufstelle Qaser al-Yahud. Weiterfahrt an den See Genesareth. Quartierbezug. Nach Abendessen: Halbzeit-Reflexion der Gruppe.

Tag 7 (falls ein Sonntag)
Galiläa/Golan: Mitfeier der Sonntagsmesse in 'Ailabun (St. Georg), Maghar (hl. Georg) oder Rameh (hl. Antonius), Begegnung mit Gläubigen – Fahrt nach Banias, kleine Wanderung von Banias nach Cäsarea Philippi, dort Andacht zur Tauferneuerung. Mittagessen bei Drusen. Über die Golanhöhen (Blick auf das 1967 zerstörte syrische Quneitra) zurück zum See. Freizeit.

1300 Jahre alt: der Felsendom.

Tauferneuerung am Baniasfluss, einem der drei Quellflüsse des Jordans; bei Cäsarea Philippi.

Tag 8
Am und auf dem See. Brotvermehrungskirche in Tabgha. Gottesdienst in Dalmanutha (Messplatz am Seeufer), danach Gespräch mit deutschem Mönch/Mitarbeiter von Beit Noah. St. Peter (Mensa Domini). Kafarnaum. Bootsfahrt. Freizeit am See.

Tag 9
Galiläa, Teil 2. Nazareth. Gang vom Marienbrunnen durch die Altstadt zur Verkündigungsbasilika. Messe nebenan, im Zentrum MARIA VON NAZARETH (Kapelle im 5. Stock). Nazareth-Village-Freilichtmuseum mit Mittagessen Martha Meal. Begegnung in der Salvatorschule. Rückfahrt zum See. Freizeit.

Tag 10
Nochmal am See. Berg der Seligpreisungen (Messe/Andacht). Spaziergang über den Berg zum See (max. 45 Min.). Besuch von Magdala. Reisesegen. Fahrt zum Flughafen.

Zentrum – Samaria – Galiläa – Zentrum

Tag 1
Aufbrechen und Ankommen
Linienflug nach Tel Aviv. Fahrt nach Bethlehem. Hotelbezug für zwei Nächte.

Tag 2
Kindheit Jesu
Bethlehem: Geburtskirche mit Grotte und Katharinenkirche. Dann Hirtenfelder bei Beit Sahour, weiter zum Herodion. Besuch einer sozialen Einrichtung (Caritas Baby Hospital/Crèche/House of Hope) oder Begegnung mit palästinensischen Christen (zum Beispiel Universität Bethlehem). Freizeit.

Tag 3
Über das samarische Bergland
Frühes Frühstück. Fahrt ins samarische Bergland. Nablus: Kirche am Jakobsbrunnen. Besuch des St. Luke's Hospital. Besichtigung von Samaria (Sebastiye). Fahrt nach Nazaret: Gang zur Gabrielskirche mit Brunnenkapelle und über den Basar zur Verkündigungskirche. Weiter an den See Genesareth. Hotelbezug für zwei Nächte.

Tag 4
Mit Jesus in Galiläa
Berg der Bergpredigt. Spaziergang (wahlweise Busfahrt) nach Tabgha mit

Weiße Synagoge in Kafarnaum (4. Jahrhundert n. Chr.).

der Brotvermehrungskirche. Weiter nach Kafarnaum. Besuch der Ausgrabungen von Migdal (Magdala). Bootsfahrt über den See Genesareth.

Tag 5
Orte der Versuchung und der Taufe
Fahrt durch das Jordantal, Besuch von El Maqtas/Qaser al-Yahud (Taufstelle Jesu). Oase von Jericho: Gang über den Schutthügel und Auffahrt mit der Seilbahn zum Versuchungskloster (Qarantal). Besuch der Ausgrabungen von Qumran. Badegelegenheit im Toten Meer. Fahrt durch die Wüste Juda hinauf – kurzer Halt über Wadi Qelt – nach Jerusalem. Hotelbezug für vier Nächte.

Yousef Daher (JIC)

Tag 6
Mit Jesus in Jerusalem
Ölberg: Besuch der Kirchen Pater Noster sowie Dominus flevit. Gang zum Garten Getsemani und Mariengrab. Weiter durch das Stephanstor zur Kirche St. Anna. Begegnung mit Yousef Daher (JIC) oder einem Vertreter von EAPPI. Dann weiter über die Via Dolorosa zur Anastasis (Grabeskirche) mit Golgota und dem Heiligen Grab. Gang durch die Basarstraßen der Altstadt. Freizeit im Basar.

Tag 7
Sonntag in Jerusalem
Mitfeier des Sonntagsgottesdienstes mit palästinensischen Christen (ev. Erlöserkirche oder kath. Erlöserkirche St. Saviour/Neues Tor). Fahrt zum Israel Museum (Schrein des Buches und Modell von Jerusalem). Besuch in Yad Vashem, der Gedächtnisstätte für die Opfer des Holocaust.

Tag 8
Heilige Stadt dreier Religionen
Besuch des Tempelbergs, mit El-Aksa-Moschee und Felsendom (nur Außenbesichtigung). Gang zur Westmauer (Klagemauer). Durch das jüdische Viertel zum Christlichen Zion mit Abendmahlsaal, Dormitio-Kirche und Kirche St. Peter in Gallicantu. Begegnung mit Christen in Jerusalem (St.-Louis-Hospiz oder Dormitio-Abtei). Zeit zur freien Verfügung.

Tag 9
Auf dem Weg nach Emmaus
Fahrt nach Abu Gosh, Besuch der Kirche und Gespräch mit Schwester Marie Madeleine. Fahrt zum Flughafen. Rückflug.

Kombi-Reise Jordanien – Israel – Palästina

Tag 1
Flug nach Amman. Fahrt nach Madaba. Hotelbezug für zwei Nächte in Madaba.

Tag 2 (falls ein Sonntag)
9.30 Uhr Mitfeier mit Christen in Madaba, Kirche St. Johannes Enthauptung. Begegnung. Turmbesteigung und Museumsbesuch. Besichtigung der Madaba-Mosaikkarte. Weiterfahrt zum Berg Nebo (Meditation bei Sonnenuntergang).

Tag 3
Fahrt durch das Wadi Mujib („Grand Canyon Jordaniens") über die Königsstraße nach Petra. Besuch von Klein-Petra. Quartierbezug für zwei Nächte in Wadi Mousa/Petra.

Tag 4
Gang durch den Siq. Schatzhaus des Pharao. Besuch der Ausgrabungen und Ruinen von Petra. Zeit für eigene Petra-Erkundung.

Tag 5
Fahrt ins Wadi Rum. Fahrt mit Jeeps in die Wüste, Spaziergänge/Kamelritt. Tee und Imbiss bei Beduinen. Fahrt nach Aqaba. Fahrt auf einer Yacht mit Schnorchelmöglichkeit im Roten Meer. Abendessen an Deck. Hotelbezug für eine Nacht in Aqaba.

Tag 6
Früher Aufbruch (nicht später als 7 Uhr). Grenzübertritt nach Israel. Bad im Toten Meer in Ein Bokek (eigenes Handtuch nötig). Spaziergang in Ein Gedi (Davidsschlucht). Weiterfahrt nach Bethlehem/Jerusalem. Hotelbezug für drei Nächte. Angebot: Orientierungsgang.

Tag 7
Jerusalem
Ölberg (Pater Noster. Dominus flevit. Gethsemani). Beginn Via Dolorosa. Mittagspause und Gespräch im Österreichischen Hospiz. Dann Freizeit im Basar. Ab 15 Uhr: zweiter Teil Via Dolorosa. Grabeskirche. Falls freitags: 18 Uhr Schabbatgottesdienst in der Har-El-Synagoge.

Tag 8
Bethlehem
Hirtenfelder. Olivenholzschnitzwerkstatt. Geburtskirche. Mittagspause und Freizeit. Besuch im Zelt der Völker bei Bethlehem. Rückfahrt.

Petra – eines der neuen sieben Weltwunder.

Tag 9 (falls ein Sonntag)
Abreise. Klagemauer. Tempelberg. St. Anna. Mitfeier eines Gottesdienstes mit einheimischen Christen (St. Saviour oder ev. Erlöserkirche). Mittagspause im Basar. Fahrt nach Jericho: Zachäusbaum. Taufstelle Jesu Qaser al-Yahud. Weiterfahrt an den See Genesareth. Hotelbezug (alternativ in Nazareth).

Tag 10
Nazareth
Gang vom Marienbrunnen durch Altstadt zur Verkündigungsbasilika. Fahrt zum Nazareth Village, Mittagspause dort (zum Beispiel Martha meal). Begegnung in der Salvatorschule. Fahrt zum Berg der Seligpreisungen – kurz vor Sonnenuntergang Spaziergang hinunter. Rückfahrt zum Quartier. Abendessen. Gespräch über Kibbuzleben (falls Unterkunft in einem Kibbuzferiendorf).

Tag 11
Messe/Andacht am See (Dalmanutha). Besuch von Tabgha und Kafarnaum. Fahrt zum Banias: Spaziergang vom Wasserfall nach Cäsarea Philippi (Tauferneuerung). Gespräch bei der drusischen Menschenrechtsorganisation Al-Masdar in Majdal Shams. Rückfahrt über den Golan. Abendessen. Reise-Reflexion.

Tag 12
Besuch von Magdala mit Führung durch die Ausgrabungen. Andacht/Reisesegen. Fahrt zum Flughafen. Rückflug.
Alternative:
Berg Tabor. Fahrt zum Flughafen.

Tabgha: Der Kirchturm drückt die Botschaft des Ortes aus.

Kombi-Reise Israel – Sinai – Israel/Palästina

Auch wenn es derzeit (Januar 2017) eine eingeschränkte Reisewarnung für den Sinai gibt, hänge ich einen bewährten Reiseverlauf für eine 15-tägige Reise (auch in 13 Tagen machbar) an.

Tag 1
Linienflug nach Tel Aviv. Busfahrt nach Be'er Sheva (erste Nacht).

Tag 2
Besichtigung des „Abrahambrunnens". Gang über den Tell Be'er Sheva. Weiter in den Negev. Wanderung zur Quelle Ein Avdat und über Leitern zum Busparkplatz (1–1,5 Stunden). Fahrt nach Avdat: Besichtigung der Ausgrabungen. Fahrt nach Mitzpe Ramon: Panorama des Ramon-Kraters. Fahrt zur israelisch-ägyptischen Grenze: Grenzübertritt und Weiterfahrt nach Nuweiba (drei Nächte).

Blick über Haifa

Tag 3
Spaziergang in der Wüste und Besuch bei Beduinen. Zeit zur freien Verfügung mit Badegelegenheit oder Glasbodenbootsfahrt im Roten Meer. (Diesen Erholungstag kann man auch streichen.)

Tag 4
Fahrt zum Katharinenkloster. Aufstieg zum Mosesberg. Andacht/Gebet. Bei Sonnenuntergang Abstieg (Taschenlampen!). Vorteil: keine Touristenmassen im Gegensatz zum Sonnenaufgang. Rückkehr zum Hotel. Freizeit.

Tag 5
Fahrt zur ägyptisch-israelischen Grenze: Grenzübertritt, Fahrt nach Massada, Auffahrt mit Seilbahn. Besichtigung. Fahrt zur Oase Ein Gedi: Wanderung im Naturpark (eine Stunde). Badegelegenheit im Toten Meer. Weiter nach Jericho (zwei Nächte).

Tag 6
Fahrt zum Wadi Qelt, Wanderung bis zum Georgskloster und weiter bis zum herodianischen Winterpalast. Mittagspause in Jericho. Gang über den Schutthügel und zur Elischaquelle. Besuch der dortigen Terra-Santa-Schule oder des YMCA-Berufsausbildungszentrums. Freizeit. Rückfahrt zum Hotel.

Tag 7
Seilbahnfahrt und kurzer Aufstieg (15 Minuten, Treppenstufen) zum griechisch-orthodoxen Kloster Qarantal auf dem Berg der Versuchung. Weiter nach Qumran, Besichtigung der Ausgrabungen. Fahrt durch das Jordantal an den See Genesareth (vier Nächte).

Tag 8
Berg der Seligpreisungen. Spaziergang hinunter zum See. Besuch von Tabgha/Brotvermehrung (hl. Messe in Dalmanutha, Steinaltar am See), dann Gespräch mit Benediktiner oder Mitarbeiter von Beit Noah; Besichtigung der benachbarten Kirche zum Petrusprimat (Mensa Domini). Besuch von Kafarnaum. Anschließend Besuch von Magdala und Bootsfahrt über den See.

Tag 9
Mitfeier des Sonntagsgottesdienstes in Reine bei Nazareth, Maghar oder Rameh. Weiterfahrt durch das Huletal nach Banias. Wanderung vom Wasserfall zum einstigen Cäsarea Philippi (1,5 Stunden). Fahrt nach Zefat/Safad: Besuch von Synagogen und Künstlerkolonie. Rückfahrt.

Tag 10
Fahrt oder Aufstieg (1 ½ Stunden) zum Berg Tabor. Hl. Messe in der Verklärungsbasilika. Weiterfahrt nach Nazareth: Besuch der Salvatorschule, der Verkündigungskirche, anschließend Gang durch die Altstadt zur Gabrielskirche. Rückfahrt.

Tag 11

Fahrt zu den Mar Elias Educational Institutions in Ibillin. Weiter nach Haifa zum Bahai Tempel und German-Colony, Fahrt nach Cäsarea Maritima, Besichtigung. Fahrt via Jerusalem nach Bethlehem (vier Nächte, auch in Jerusalem möglich).

Tag 12

Fahrt nach Betanien. Besuch des Lazarusgrabes. Zu Fuß durch einen Armeekontrollpunkt und weiter zum Ölberg. Besuch der Himmelfahrts-Moschee, der Pater-Noster-Kirche und der Kirche Dominus flevit. Gang zum Garten Gethsemani. Verratsgrotte. Mariengrab. Nachmittags Via Dolorosa bis Grabeskirche. Freizeit im Basar.

Tag 13

Fahrt nach Jerusalem zum Mist-/Dungtor: Gang zur West-/Klagemauer und weiter auf den Tempelberg. Besuch der St.-Anna-Kirche und des Gartengrabs. Mittagspause. Christlicher Zion: St. Peter zum Hahnenschrei; Davidsgrab; Abendmahlssaal; Dormitio-Kirche (Gottesdienst/Andacht). Freizeit im Basar. Abends: israelischer Friedensaktivist kommt ins Hotel.

Ein Avdat, Negev.

An der Klagemauer in Jerusalem.

Tag 14
Besuch im Begegnungsprojekt *Zelt der Völker* bei Bethlehem. Fahrt nach Beit Sahour, Besuch der Hirtenfelder. Weiter nach Bethlehem: Geburtskirche. Olivenholzschnitzer-Werkstatt. Möglichkeit zur Teilnahme am Friedensrosenkranz (freitags). Freizeit.

Tag 15
Besuch und Gespräch in St. Louis (Sr. Monika) in Jerusalem. Fahrt in die Neustadt von Jerusalem. Halt bei Knesset, weiter nach Abu Ghosh: Besuch der Kreuzfahrerkirche, Reisesegen. Weiter zum Flughafen. Rückflug.

Nachwort

„Wenn du dich bei Unrecht neutral verhältst, stellst du dich auf die Seite des Unterdrückers", erklärt der Friedensnobelpreisträger Desmond Tutu.

Wo stehen wir?

Im Dezember 2012 richteten 100 einheimische christliche Persönlichkeiten des Heiligen Landes, Kleriker wie Laien, eine Erklärung an Europa, in der sie Palästinas Mitgliedschaft in den Vereinten Nationen befürworteten. Darin heißt es: „Wir palästinensische Christen sind die Nachkommen der Urchristen." Und weiter: „Wir, die palästinensischen Christen, sagen: Genug. Es reicht."

Ähnlich wie im 2009 verfassten *Kairos-Palästina-Appell,* der von den Kirchenleitungen im sogenannten Westen entweder überhört oder gegeißelt wurde, schildern sie ihren schwierigen Alltag. „Wir (...) waren Zeugen, wie dieses Land über die Jahrhunderte sich gewandelt hat. Wir haben Verlust erlebt und haben all diese Jahre unser Kreuz getragen. Die Besatzung, die Unterdrückung, die Verbannung und die Apartheid haben aus jedem Tag einen Karfreitag gemacht."

Sind wir bereit, das zu hören? Sind wir uns der Tragweite dieser Worte bewusst? Nehmen wir sie ernst?

Die Mühsal der Christen, ihre Verzweiflung, ihre innere oder tatsächliche Emigration – sie sind sicher nicht nur der Benachteiligung durch israelische Regierungen bzw. der israelischen Besatzungspolitik geschuldet. Ein Ende der Besatzung würde jedoch, da bin ich mir sicher, viele nicht mehr an Auswanderung denken lassen, Hoffnung stiften und kreative Energien freisetzen.

„Ein Ende der Besatzung hängt weitgehend vom Besatzer ab", erklärte am 21. März 2016 die Kommission für Gerechtigkeit und Frieden der *Assembly of the Catholic Ordinaries of the Holy Land* (A.O.C.T.S.) in ihrer Erklärung *Beyond occupation and confrontation – Towards a common understanding*. Die aus Laien und Klerikern, palästinensischen und ausländischen Christen (darunter der deutsche Benediktiner Nikodemus Schnabel) bestehende Kommission fragt sich: „Warum arbeitet Israel nicht daran, die Besatzung zu beenden?" Der Text der Kommission, der Patriarch em. Michel Sabbah vorsteht, betont: „Nur ein Ende der Besatzung wird die Gewalt endgültig beenden, die des Besatzers und die der unter Besatzung Lebenden."

Circa 170.000 arabischsprachige Christen leben noch zwischen Mittelmeer und Jordanfluss, sie fühlen sich zwischen Hammer und Amboss. Noch sind es 170.000, das entspricht der Einwohnerzahl von Mülheim an der Ruhr. Noch ...

Es hängt auch von uns ab.

Wir können dreierlei für die Nachkommen der Urchristen tun:

– Sie in ihren Orten und Einrichtungen besuchen, mit ihnen beten und uns Zeit nehmen, ihre Geschichte(n) anzuhören.

– Das, was wir dabei erfahren, an Priester und Bischöfe, auch an die Bischofskonferenzen, weitergeben.

– Bei unseren Parlamentariern vorstellig werden und sie für dieses Thema sensibilisieren.

Eine doppelte Solidarität ist gefordert – mit unseren Glaubensgeschwistern im Heiligen Land und mit den friedensbewegten jüdischen Stimmen Israels.

Bete nicht für Araber oder Juden,
für Palästinenser oder Israeli,
sondern bete für uns,
dass wir sie in unseren Gebeten
nicht voneinander trennen,
sondern beide in unseren Herzen
bewahren.
Basierend auf dem Gebet
eines palästinensischen Christen

Auf den Spuren von Lawrence von Arabien im Wadi Rum.

Begegnungs- und Besuchsmöglichkeiten auf einen Blick

Es versteht sich von selbst, dass man für ein/e/n Besuch/Tour/Gespräch frühzeitig anfragen sollte. Bei gefragten Gesprächspartnern können selbst sechs Monate vor der Reise nicht ausreichend sein. Bei Telefonnummern muss **aus dem Ausland die Landesvorwahl 00972** ergänzt werden. Palästina hat seit wenigen Jahren die eigene Landesvorwahl 00970, doch kann man nach wie vor Orte im West-Jordanland mit israelischer Landesvorwahl erreichen.
Die Vorwahl 02 im Lande gilt für Jerusalem, Jericho, Ramallah und Bethlehem samt Umland.

Eine Spende ist immer willkommen, bei Honorarforderungen ist dies eigens vermerkt ($ = US-Dollar, € = Euro).

Jerusalem, Altstadt

01 St. Yves Society
kath. Menschenrechtszentrum
Kontakt: info@saintyves.org.il
(02) 626 46 62
www.saintyves.org

02 Lateinisches Patriarchat
Gespräch mit dem Apostolischen Administrator, Erzbischof Pizzaballa (I/E), oder mit P. Bernt Besch (D)
www.de.lpj.org/kontakt

03 Collège des Frères
info @cdf.edu.ps
(02) 628 23 21 sowie
www.cdf.edu.ps/en

04 Terra Santa High Boys School
(02) 628 27 54

05 Melia Centre
www.araborthodoxsociety.com

06 St. Saviour / kath. Erlöserkirche
(02) 626 66 13
latinparishjer@custodia.org

07 Österreichisches Hospiz
Gespräch (D)
Kontakt: www.austrianhospice.com

08 Jerusalem / Altstadt
Ecce Homo/Via Dolorosa
Gespräch mit Sr. Rita Kammermayr oder Sr. Trudy Nabuurs
(02) 627 72 92
www.eccehomopilgrimhouse.com

09 **Evangelische Erlöserkirche**
Gespräch mit Propst, Pfarrer der palästinensich-arabischen Gemeinde oder Pfarrerin Zander
Kontakt: propst.schmidt@redeemer-jerusalem.com beziehungsweise ibrahimazar@yahoo.de und office@avzentrum.de

10 **Christustreff / Johanniterhospiz**
(bei VIII. Kreuzwegstation)
Gespräch sowie jeden Donnerstag, 20 Uhr, Vortrag.
Kontakt: jerusalem@christus-treff.org
(02) 626 46 27

11 **Photo Elia**
14 Al Khanka Street
(02) 628 20 74
www.eliaphoto.com

12 **EAPPI – Ökumenisches Begleitprogramm für Israel und Palästina**
Gespräch oder Tour, neben Hauptbüro in Jerusalem auch in Bethlehem, Hebron, Yanoun und Jordantal möglich. Kosten: 10 € pro Person, Gruppentarif (10 und mehr Personen): € 100,–
Anmeldung und Bezahlung: mindestens eine Woche im Voraus.
www.eappi.org/en/join/visit-1

13 **Jerusalem Interchurch Centre (JIC)**
Gespräch, Lage-Analyse.
Kontakt zu Yusef Daher:
yusef66jrs@yahoo.com

Jerusalem, außerhalb der Altstadt

14 **St. Louis-Hospiz**
Gespräch mit Schwester Monika Düllmann. Alte Handtücher erwünscht.
Kontakt: monika2@hfsl.org

15 **Schmidt's Girls College/Paulushaus/DVHL in Jerusalem**
Dr. Georg Röwekamp: Gespräch (kommt auch ins Hotel in Jerusalem).
Kontakt: g.roewekamp@dvhl.de sowie www.schmidtschule.org

16 **Sabeel**
Ökumenischer Gottesdienst (Do) und/oder Gespräch. Anfahrt: Bus Nr. 274 (grün-weiß gestreift) in Richtung Beit Hanina, ab Nablusstraße, gegenüber Gartengrab
Kontakt: visit@sabeel.org und www.sabeel.org

17 **Dormitio-Abtei**
Gespräch mit dem Abteisprecher. Deutsche Spezialitäten wie Schwarzbrot, Ritter Sport oder Hausmacher Wurst erwünscht.
Kontakt: pforte@dormitio.net

18 **Kaiserin-Auguste-Victoria-Stiftung**
evangelisches Pilger- und Begegnungszentrum, Ölberg: Gespräch/Vortrag/Seminar/Bildungstag zu diversen Themen rund um Religion(en) und Nahostkonflikt. Kontakt: pilgrims@evangelisch-in-jerusalem.org

19 **Deutsches Evangelisches Institut für Altertumswissenschaft des Heiligen Landes (DEIAHL)**
dei_ger@netvision.net.il
und (02) 628 47 92

`20` **Princess Basma Zentrum**
Spende willkommen
www.basma-centre.org

`21` **Hll. Simeon und Anna**
hebräisch sprachige röm.-kath.
Gemeinde
Kontakt: neuhaussj@gmail.com
und www.catholic.co.il
📞 (02) 624 82 55

Bethlehem

`22` **Friedensrosenkranz**
Kontakt (E/F):
monemman@hotmail.com

`23` **Caritas Baby Hospital**
Rundgang und Gespräch (D)
Kontakt: public.rel@cbh-beth.org

`24` **AEI / Sumud House**
Gespräch, kleine Mauer-Tour,
Frauenchor.
Kontakt: aei@p-ol.com
oder info@aeicenter.com

`25` **Bible College /
Christ at the Checkpoint**
www.bethbc.org und
www.christatthecheckpoint.com
(nächste Konferenz Christ at the
Checkpoint vom 23. bis 26.5.2018)

`26` **Ephpheta Paul VI. Institut**
Rundgang, Gespräch
Kontakt: www.effetabetlemme.net/
en/news.php

`27` **House of Hope**
Rundgang und Gespräch.
Volontäre gesucht.
Kontakt: www.hohbethlehem.org

`28` **Créche**
Rundgang und Gespräch (F/E)
Kontakt: creche@p-ol.com
📞 (02) 274 41 42/3

`29` **Bethlehem Universität (BU)**
Campus-Rundgang, Diskussion
mit Studenten (E). Wöchentliches
öffentliches Kolloquium zu neuen
Forschungsergebnissen: mittwochs,
15.15 Uhr.
info_deutsch@bethlehem.edu

`30` **Luth. Weihnachtskirche**
📞 (02) 277 00 47
und mraheb@diyar.ps

`31` **Dar an-Nadwa**
Vortrag und Gespräch mit Pfarrer
Dr. Mitri Raheb (6 bis 10 Monate
vorher anfragen). Honorar $ 100.
Kontakt: pr@diyar.ps

`32` **Kairos Palästina**
Vortrag zur Lage der Christen,
Diskussion (kommen auch ins
Hotel, selbst nach Jerusalem).
Kontakt: kairos@kairospalestine.ps

`33` **Tätowierer Walid Ajasch**
📞 (02) 274 35 65 und
Handy 0569–558486

`34` **Franziskanisches
Familienzentrum (FFC)**
Schwester Maria Grech: Gespräch.
Kontakt: mariagrech2003@hotmail.com
📞 (02) 277 00 02

Beit Jala

35 Lifegate
Rundgang/Gespräch
www.lifegate-reha.de
reha@lgate.org

36 Al-Liqa'
54–56 Al-Quds Jerusalem Str., Gespräch.
Kontakt: www.al-liqacenter.org.ps/eng/

37 Pfarrkirche Mariä Verkündigung
(röm.-kath.)
(02) 274 05 63
ishomali@hotmail.com
www.bjlc.org
Latin Patriarchate School
(02) 274 26 24
latinschool_bj@yahoo.com

38 Kirche der Reformation (ev.-luth.)
(02) 274 42 50
srishmawi@elcjhl.org

39 Faten Mukarker
Gespräch/Lesung
Kontakt: faten_mukarker@hotmail.com

40 Cremisan
Weinverkostung und Besichtigung
(02) 274 48 25 (E/I) und
www.cremisanwine.com oder
zentrale@cremisan.de oder
weinbestellung@cremisan.de (D)

41 Talitha Kumi
Rundgang/Gespräch
Kontakt: www.talithakumi.org/de

Beit Sahour

42 Oasis Workshop
Kontakt über www.sunbula.org

43 Unsere Liebe Frau von Fatima
(röm.-kath.) (02) 277 27 33

Artas

44 Töchter der hl. Maria vom Hortus Conclusus
Rundgang/Gespräch
Kontakt: suoredelloro@hotmail.com
und (02) 274 24 27

Zwischen Bethlehem und Hebron

45 Zelt der Völker
Rundgang/Gespräch/Mittag- oder
Abendessen/Mitmachaktionen in der
Landwirtschaft, jahreszeitabhängig/
Andacht in der Höhlenkapelle
Kontakt: www.tentofnations.org und
dnassar@tentofnations.org sowie
0522-975985

Hebron

46 CPT
Gespräch/Erklärung vom Dach aus,
Spende pro Gruppe mind. $ 100,–
Kontakt: www.cpt.org/work/palestine
sowie EAPPI (siehe Jerusalem) (siehe 12)

Mittleres und nördliches West-Jordanland

47 Emmaus Qubeibeh
Gespräch mit Sr. Hildegard Enzenhofer
SDS, Kontakt: emmaus@congsds.org
oder hildegard@congsds.org
(02) 247 36 22 und 0505-337101

48 Miftah in Ramallah
Gespräch/Diskussion
Kontakt: www.miftah.org
sowie mid@miftah.org
und (02) 298 94 90 oder 91

49 St. Andrews (anglik.)
fr_fadijd@hotmail.com und
📞 (02) 298 10 03 und
**The Episcopal Technological
and Vocational Training Center,**
Ramallah al-Tireh: Rundgang
und Gespräch (D)
Kontakt: 📞 (02) 298 91 72
oder info@etvtc.org

50 **Sternberg Reha-Zentrum**
Rundgang/Gespräch, Kontakt:
www.herrnhuter-missionshilfe.de/
laender/palaestina/palaestina-weiterlesen und
starmountaincenter@gmail.com und
📞 (02) 296 27 05 und 06

51 **Taybeh**
www.taybeh.info und
Erlöserkirche (kath.) 📞 (02) 289 80 20

52 **St. Luke's hospital, Nablus**
Rundgang und Gespräch
Kontakt: slh@zaytona.com oder
📞 (09) 238 77 51

Zwischen Jerusalem und Tel Aviv

53 **Benediktinerinnen von Abu Ghosh**
Gespräch/Teilnahme an Gebeten. Kontakt: monbenag@netvision.net.il und
📞 (02) 534 36 22

54 **Kommunität Latrun/
Jesusbruderschaft Gnadenthal**
Gespräch/Teilnahme an Gebeten
Kontakt: community@latrun.de
und 📞 (08) 925 51 63 und
Trappistenkloster Latroun
(Kirche, Weinkellerei)
www.holy-wine.com

Galiläa

55 **Kontakt zu allen Kirchen
in Tiberias via St. Peter**
📞 (04) 672 05 16 und
tiberias@koinoniagb.org

56 **'Ailaboun**
www.eilaboun.com/eng.htm sowie
St. Georg, Pfr. Maroun Tannous,
📞 (04) 641 89 21, Handy: 050–536 43 75
sowie maroon.011@hotmail.com

57 **Maghar**
hl. Georg (griech.-melkit.-kath.)
📞 (04) 678 6637 und 054–441 4016
und maryanblack@yahoo.com

58 **Rameh, hl. Antonius** (röm.-kath.)
📞 (04) 988 4507

59 **Reine/Reneh
Latin Patriarchate School**
📞 (04) 646 98 14 und
schoollatin@yahoo.com

60 **Shafa'amr**
Latin Patriarchate Kindergarten
📞 (04) 986 50 30

61 **Jish, Greek Catholic School**
📞 (04) 698 02 07 und
helenrhadad@walla.com

62 **Mi'lya, Al-Saydeh Kindergarten**
📞 (04) 997 99 06 und
shakour.nadeem@gmail.com

63 **Mar Elias Educational
Institutions in Ibillin/'Ibillin**
Rundgang und Gespräch
Kontakt: eliasag@yahoo.com sowie
chacoure@netvision.net.il
und 📞 (054) 465 98 78

64 **Nazareth**
(ital.) Krankenhaus zur Hl. Familie
📞 (04) 650 89 01

65 **Nazareth, EMMS**
📞 (04) 602 88 88 und
christine@nazarethtrust.org

66 **Nazareth, Salvatorschule**
Rundgang und Gespräch
mit Sr. Klara Berchtold
Kontakt: klarasds@yahoo.com und
Handy (0508) 58 53 59 sowie
Konvent 📞 (04) 65 75 057

67 **Nazareth**
Schwester Maria Bushra Zehentmayr
Gespräch.
Kontakt: monannon@gmail.com
und 📞 (04) 657 68 90

68 **Tabgha am See Genesareth/Priorat der Benediktiner/Beit Noah**
Gespräch mit einem Benediktiner und/
oder dem Leiter von Beit Noah
Kontakt: beit.noah@tabgha.net
sowie Mobil (054) 253 89 31

Jordanien

69 **The Ahliyyah School for Girls, Amman**
📞 00962 6 4649861
und asg@asg.edu.jo

70 **Theodor-Schneller-Schule, Amman** Rundgang und Gespräch
Kontakt: tschneller@zaindata.com
sowie 📞 00962 5 3613983

71 **Arab Episcopal School, Irbid**
Rundgang/Gespräch
Kontakt: info@aeschool.org und
📞 00962 2727 5172

72 **Madaba, St. Johannes Enthauptung**
wissamsm@hotmail.com
und 📞 00962 775 666 738

73 **AUM, Madaba**
Gespräch und Rundgang, nur Mo.–Do.
Kontakt: r.shammas@aum.edu.jo (Öffentlichkeitsreferentin)

74 **Aqaba, Stella Maris**
📞 00962 3 2034116 und
ramez_d_s@hotmail.com

75 **Amman, Zum Guten Hirten**
📞 00962 6 5524328
und evluthch@orange.jo

Empfehlungen anderer

76 **Haifa, House of Grace**
pfisrael@netvision.net.il

77 **Tel Aviv, Pastoralzentrum Our Lady Women of Valor**
📞 (054) 782 28 43

78 **Nes Ammim**
📞 (04) 995 00 00
und info@nesammim.com

79 **Jericho, YMCA-Berufsbildungsausbildungszentrum (VTC)**
📞 (02) 232 26 49 und
www.ej-ymca.org

80 **Jericho, Zum Guten Hirten (röm.-kath.)**
📞 (02) 232 25 32 und
jerichoparish@hotmail.com

Drusisch-jüdisch-muslimisch

Majdal Shams/Golan
drusische Menschenrechtsorganisation Al-Masdar: Rundgang und Diskussion.
Kontakt: nizar@golan-marsad.org und
☏ (04) 687 06 45 oder
Mobil (054) 80 50 248
www.golan-marsad.org

Har-El Gemeinde
16 Shmuel Hanagid, West-Jerusalem,
Spende pro Besucher $ 2,–
☏ (02) 625 38 41
harelcon@netvision.net.il und
cantorevan@gmail.com
(Anmeldung 3–5 Monate im Voraus)

Givat Haviva
www.givathaviva.org
und ☏ (04) 630 92 13 und
aisen@mh.org.il

Hand-in-Hand-Schulen
www.handinhandk12.org

B'Tselem
Gespräch/Vortrag
Kontakt: www.btselem.org und
amit@btselem.org sowie
Mobil (054) 684 11 26

Breaking the Silence
Tour/Vortrag/Gespräch
Kontakt:
info@breakingthesilence.org.il

Gush Shalom
Gespräch, Kontakt zu Adam Keller:
1453ak@gmail.com

Checkpoint Watch
Gespräch, Kontakt zu Ronny Perlman
(D): ronny.perlman@gmail.com

ICAHD
3-stündige Tour/Vortrag/Gespräch,
mind. $ 100,– pro Gruppe, Kontakt:
tours@icahd.org und
☏ (052) 528 43 11

Emek Shaveh
Tour/Gespräch
Kontakt: www.alt-arch.org/en

Parents Circle
Gespräch $ 500,– (mit einem Israeli
und einem Palästinenser)
Kontakt: alquds@theparentscircle.org

Zochrot
Tour/Gespräch
Kontakt: www.zochrot.org/en
und umar@zochrot.org

Ir Amim
Tour/Gespräch
Konakt: www.ir-amim.org.il/en

Rabbiner für Menschenrechte (RHR)
www.rhr.org.il/eng/

Combattants for Peace
Gespräch, $ 400,– (2 Gesprächspartner),
Kontakt: office@cfpeace.org

Prof. Mustafa Abu Sway
Gespräch, Kontakt: abusway@alquds.edu
und ☏ (054) 810 97 10

CCRR, Bethlehem
Gespräch
Kontakt: ☏ (02) 276 77 45 und
salamehn@hotmail.com

Literaturempfehlungen

Einen dieser geistlichen Reiseführer sollte man im Reisegepäck haben

Geiger, Gregor / Fürst, Heinrich
Im Land des Herrn.
Ein franziskanischer Pilger- und Reiseführer für das Heilige Land
Bonifatius. 2015.
Ein Meisterwerk!

Hirschberg, Peter
Israel und die palästinensischen Gebiete
(EVAs Biblische Reiseführer).
Evang. Verlagsanstalt Leipzig. ²2014.
Kurze Texte, viele Fotos, hilfreiche Skizzen.

Röwekamp, Georg
Heiliges Land. Ein Reisebegleiter zu den heiligen Stätten von Judentum, Christentum und Islam
Kath. Bibelwerk. 2009.
Prägnant! Vor allem die Texte zu den Religionen sind aufschlussreich.

Verantwortungsvoller Tourismus
Brot für die Welt (mit Misereor und Tourism Watch)
Kommt und seht! Reisen und Pilgern im Heiligen Land. Orientierungen für einen fair gestalteten Tourismus in Israel und Palästina unter Berücksichtigung des Völkerrechts
²2016.
Das 40 Seiten-Heft sollte jeder Gruppenverantwortliche vor Reiseplanung lesen!

Hintergrundwissen Konfliktgeschichte – ein Muss vor Reiseantritt!

Asseburg, Muriel/Busse, Jan
Der Nahostkonflikt.
Geschichte, Positionen, Perspektiven
C. H. Beck. 2016.
Hochaktuell, auch wenn das Ausmaß der Besatzungspolitik nicht klar wird.

Avnery, Uri/Bishara Azmi (Hg.)
Die Jerusalemfrage. Israelis und Palästinenser im Gespräch
Palmyra. 1996.
Die 12 Gespräche mit Juden, Christen und Muslimen sind die erhellendsten, die ich zu Jerusalem kenne.

Böhme, Jörn / Sterzing, Christian
Kleine Geschichte des israelisch-palästinensischen Konflikts
Wochenschau Verlag. ⁷2014.
Übersichtliche Darstellung des Konfliktes.

Krämer, Gudrun
Geschichte Palästinas. Von der osmanischen Eroberung bis zur Gründung des Staates Israel
C. H. Beck. ⁶2015.
Für alle, die Tiefgang wünschen.

Pappe, Ilan
Die ethnische Säuberung Palästinas
Haffmans & Tolkemitt. 2014.
Hier wird fundiert mit Mythen und sicher geglaubtem Wissen aufgeräumt!

Schäuble, Martin / Flug, Noah
Die Geschichte der Israelis und Palästinenser
dtv/Reihe Hanser. 2013.
Die O-Töne und Medienhinweise sind wertvoll.

Segev, Tom
Es war einmal ein Palästina. Juden und Araber vor der Staatsgründung Israels
Pantheon. ⁶Aufl. 2006.

und

1967. Israels zweite Geburt
Siedler/Pantheon, 2009.
Beide Bücher sind stellenweise packend wie ein Roman.

Vieweger, Dieter
Streit um das Heilige Land. Was jeder vom israelisch-palästinensischen Konflikt wissen sollte
Gütersloher Verlagshaus, ⁵2010.
Anschaulich wegen der Skizzen, Graphiken und Landkarten.

Außerdem:
Palestine-Israel Journal: Religion and the Conflict. Conciliation or Confrontation.
Vol. 20 No. 4 & Vol. 21 No. 1, 2015.
Notwendige Ergänzung zur Konfliktgeschichte, da die Religion ein Hintergrundrauschen zum Konflikt bildet.

Israel und israelische Gesellschaft – als Zusatzinformation hilfreich

Burg, Avraham
Hitler besiegen. Warum Israel sich endlich vom Holocaust lösen muss
Campus 2009.
Ein frommer Jude (ehemaliger Knessetsprecher) legt sein Land auf die Couch – mahnend und prophetisch.

GeoEpoche
Israel. Die Geschichte des jüdischen Staates
Hamburg, 2013.
Ansprechende Mischung aus (zum Teil selten gezeigten) Fotos, Texten, Karten und Zeitleiste.

Gorenberg, Gershom
Israel schafft sich ab
Campus 2012.
Analytisch schonungslos.

Neslen, Arthur
Occupied Minds. A Journey through the Israeli Psyche
Pluto Press, 2006.
In fast 50 Interviews porträtiert Neslen fromme und säkulare Juden, Soldaten und Siedler.

Studienkreis für Tourismus und Entwicklung e. V.
Sympathiemagazin Israel verstehen
2015.
Auf 66 Seiten erfährt man alles von Aliyah über Kibbuz bis Zionismus.

Zang, Johannes
Unter der Oberfläche. Erlebtes aus Israel und Palästina
AphorismA, Berlin, ⁵2014.

Zimmermann, Moshe
Die Angst vor dem Frieden.
Das israelische Dilemma
Aufbau, ³2010.
Wer bisher meinte, dass ein Friedensschluss an der Kompromisslosigkeit der Palästinenser scheiterte, sollte dieses Buch lesen.

Palästina / palästinensische Gesellschaft

Abulelaish, Izzeldin
Du sollst nicht hassen. Meine Töchter starben, meine Hoffnung lebt weiter-
Bastei Lübbe. 2011.
Drei Töchter hat der Gazaner durch eine israelische Rakete verloren – nun kämpft er für die Aussöhnung. Anrührend.

Baram, Nir
Im Land der Verzweiflung. Ein Israeli reist in die besetzten Gebiete
Hanser, 2016.
Baram wagt, was sich viele Juden nicht trauen – er geht auf die andere Seite, hört zu und schreibt alles auf. Eine Tiefenbohrung.

Binur, Yoram
Mein Bruder, mein Feind
Bastei Lübbe, 1992.
Als Araber getarnt lebt der jüdische Journalist Binur ein halbes Jahr unter Palästinensern. Schockierend, was der jüdische Günter Wallraff enthüllt.

Raheb, Mitri
Bethlehem hinter Mauern.
Geschichten der Hoffnung
aus einer belagerten Stadt
Gütersloher Verlagshaus, 2005.
Der lutherische Pfarrer lässt die Zeit der 2. Intifada lebendig werden. Schockierend.

Raheb, Mitri
Wir werden frei sein, frei, frei!
Dankesrede anlässlich der Verleihung des Olof Palme-Preises
flugschriften, AphorismA, 2016.
Raheb nimmt kein Blatt vor den Mund, geißelt die Besatzung und versprüht Hoffnung.

Souad
Bei lebendigem Leib
Blanvalet, 2005, 286 Seiten
Eine wahre Gänsehaut-Geschichte über Ehre und Schande und einen überlebten Ehrenmordanschlag.

Studienkreis für Tourismus und Entwicklung e. V.
Palästina verstehen
Sympathiemagazine.
Eine Wundertüte: Deutsche und Palästinenser kommen zu Wort, man erfährt etwas über Geschichte sowie Kultur und findet sogar Gedichte und Kochrezepte.

Tonsern, Martha
Palästinensische Frauen zwischen Besatzung und Patriarchat. Eine kulturwissenschaftliche Analyse
Grazer Universitätsverlag Leykam, 2011.
Auch Kenner werden in dieser Psycho-Sozio-Polit-Analyse viele Aha-Momente erleben.

Zang, Johannes
Unter der Oberfläche.
Erlebtes aus Israel und Palästina
AphorismA, Berlin ⁵2014

Von den oder über die Christen im Heiligen Land

Abujaber, Dr Raouf
Arab Christianity and Jerusalem. A History of the Arab Christian Presence in the Holy City
Gilgamesh 2012.
Deckt den Zeitraum seit 1800 ab, alleine schon wegen des Anhangs (Listen, Verträge, Erklärungen) wertvoll.

Arab Educational Institute
Hoping against Hope. Stories and Thoughts about Life in Palestine
2008.

und

The Wall Museum. Palestinian Stories on the Wall in Bethlehem
2012.

und

The Wall Museum. Stories of Palestinian Youth on the Wall in Bethlehem.
2015.
Alle Publikationen lassen einen mit palästinensischen Augen sehen.

Asssembly of the Catholic Ordinaries of the Holy Land
Directory of the Catholic Church in the Holy Land
(erscheint alle 2–3 Jahre).
Über 300 Seiten Gelbe Seiten der katholischen Kirche.

Ateek, Naim Stifan
Gerechtigkeit und Versöhnung. Eine palästinensische Stimme
AphorismA 2010.
Eine prominente palästinensische Stimme für Gewaltlosigkeit, Gerechtigkeit, Frieden und Versöhnung.

BADIL und Kairos Palestine
Palestinian Christians. Ongoing forcible displacement and dispossession ... until when?
2012
Verzweifelter Aufschrei der Christen – mit vielen traurigen Fallbeispielen des Lebens unter Besatzung.

Naim Stifan Ateek/
Cedar Duaybis/Maurine Tobin
Challenging Christian Zionism. Theology, Politics and the Israel-Palestine Conflict
Melisende, 2005.
30 Autoren aus Israel/Palästina, aber auch aus dem Westen, schildern ihre Sicht des Christlichen Zionismus.

Chacour, Elias
(sein Leben erzählt von Pia de Simony)
Elias Chacour – Israeli, Palästinenser und Christ
Herder, 2007.
Der griechisch-katholische Erzbischof em. erzählt sein Leben, Dunkles und Helles, Nakba und Friedenseinsatz.

Farah, Fuad D.
Christian Presence in The Holy Land
Eigenverlag, Nazareth, 2011.
Ein wichtiges Buch mit vielen Fußnoten, Zahlen und Umfrageergebnissen von einem Christen in Israel.

Farhat, Sumaya
(mehrere Bücher, darunter Bestseller)
z.B. *Thymian und Steine* oder
Im Schatten des Feigenbaus.
Lenos.
Ihre Bücher geben einen tiefen Einblick in das Herz einer palästinensischen Mutter, Christin, Friedensaktivistin und Wissenschaftlerin.

Kairos Palästina
Die Stunde der Wahrheit.
Mit dem Aufruf von Bethlehem
AphorismA, ⁴2014.
Leider ist dieser verzweifelte Appell palästinensischer Christinnen und Christen ignoriert oder niedergemacht worden.

Goren Haim
„Echt katholisch und gut deutsch."
Die deutschen Katholiken und Palästina 1838–1910
Wallstein Verlag, 2009.
Höchst aufschlussreich beleuchtet ein Jude den Besuch des deutschen Kaisers Wilhelm II. im Heiligen Land, aber auch die Aktivitäten des Deutschen Vereins vom Heiligen Lande.

Kopp, Matthias
Franziskus im Heiligen Land
Butzon & Bercker, 2014.
Neben den vier Papstreisen seit 1964 ins Hl. Land erfährt man kaum Veröffentlichtes über die Beziehungen Israels beziehungsweise der Palästinensischen Autonomiebehörde zum Heiligen Stuhl.

Khoury, Rafiq
Trinität. Dreifaltigkeit im Kontext der arabischen Welt und ihrer Kirchen
AphorismA, 2014.
Der palästinensische Priester betrachtet die Rubljow-Ikone mit arabischer Brille.

Khoury, Shahadeh/Khoury, Nicola
(and Abujaber, Dr. Raouf Sa'ad)
A Survey of the History of the Orthodox Church of Jerusalem
Dar Al-Shorouk For Publishing and Distribution, Amman, 2002.
Das Buch ist schon wegen des Briefwechsels mit dem jordanischen Königshaus samt königlichem Dekret zur Ernennung des Patriarchen Diodoros Karifalis oder der Budgetaufstellung des Patriarchates von 1922 lesenswert.

Mansour, Atallah
Narrow Gate Churches.
The Christian Presence in the Holy Land under Muslim and Jewish Rule
Hope Publishing House, 2004.
Der Christ aus Galiläa, der bei Ha'aretz arbeitete, hat Geschichte und Lage der Christen detailreich skizziert.

Maier wv, Thomas P.
Orientalische Kultur und christliches Leben
AphorismA, 2010.
In Bescheidenheit zeigt uns der Weiße Vater den Reichtum des Orients und der dortigen Christenheit.

Mukarker, Faten
Leben zwischen Grenzen. Eine christliche Palästinenserin berichtet
Hans Thoma Verlag, 1998.
Die Autorin erzählt ehrlich über die Grenzen von Religion, Politik und Clan und gewährt tiefe Einblicke in die palästinensische (Frauen-)Seele.

Nitsche, Thomas
Hoffnung aus Nahost. Ein bewegendes Interview mit Amal Nassar, einer palästinensischen ‚Brückenbauerin' aus dem Westjordanland
AphorismA, 2015.
Wer noch nie vom palästinensischen Friedenslager gehört hat, sollte diese 30 Seiten lesen.

Raheb, Mitri
Christ und Palästinenser
AphorismA, Berlin. 2004.
Allein schon wegen der christlich-arabischen Theologie lesenswert.

Raheb, Mitri/Bechmann, Ulrike (Hg.)
Verwurzelt im Heiligen Land. Einführung in das palästinensische Christentum
Knecht, 1995.
Ein gutes Dutzend Autorinnen und Autoren aus Deutschland und Palästina, beleuchten das Thema. Aktualisierte Neuauflage dringend erwünscht!

Raheb, Mitri/Collings, Rania Al Qass/ Kassis, Rifat Odeh
Palestinians Christians in the West Bank. Facts, Figures and Trends
Diyar Publisher, 2. überarb. Auflage 2012.
Enthält aufschlussreiche Diagramme sowie auf über 40 Seiten Adressen christlicher Organisationen und Bildungseinrichtungen!

Schnabel, Pater Nikodemus
Zuhause im Niemandsland. Mein Leben im Kloster zwischen Israel und Palästina
Herbig, 2015.
Der Benediktiner schreibt genauso flott wie er spricht.

Sennott, Charles M.
The Body and the Blood. The Middle East's Vanishing Christians and the Possibility for Peace
PublicAffairs, New York, 2003/2008.
Senott hat Hunderte von Christen getroffen, in Israel, Palästina, Jordanien, Ägypten und im Libanon; mit vielen Hintergrundinformationen.

Tamcke, Martin
Christen in der islamischen Welt
AphorismA, 2012.
Mahnende Worte des Göttinger Ostkirchenkundlers an die Glaubensgeschwister im Westen.

Zang, Johannes
Zelt der Völker. Dahers Weinberg bei Bethlehem
AphorismA, Berlin, ³2016

Spirituelles für die Reise

Baltes, Steffi
Gebet für das Heilige Land
Francke. 2004.
Eindringliche Gebete einer Pfarrerin und Jerusalemkennerin für die Menschen des Heiligen Landes.

Breitenbach, Roland
Sprechende Orte. Biblische Meditationen aus dem Heiligen Land
Katholisches Bibelwerk, 2015.
Ein Kenner lädt lesende Pilger und pilgernde Leser zu einer spirituellen Auszeit mit Bibel ein.

Butzkamm, Aloys
Mit der Bibel im Heiligen Land
Bonifatius, ²2008.
Zu jeder heiligen Stätte hat man eine kurze Erklärung und die passende Bibelstelle.

Kommissariate des Heiligen Landes der deutschsprachigen Franziskanerprovinzen (Mertens, Werner/ Wagner, Raynald)
Lauda Jerusalem.
Gebete, Gesänge und Texte für die Pilgerfahrt ins Heilige Land
Das sollte jeder geistliche Leiter dabeihaben.

Judentum

Studienkreis für Tourismus und Entwicklung e. V.
Sympathiemagazin.
Judentum verstehen
Kompakt und gut.

Meister, Ralf/Eckstein, Kai
Judentum. Die 100 wichtigsten Daten
Gute Ergänzung zu vorgenanntem Heft.

Paffenholz, Alfred
Was macht der Rabbi den ganzen Tag?
Patmos. 1995. / dtv. 1998.

Paffenholz, Alfred
Tora, Sabbat und Shalom.
Alltag und Tradition im Judentum
Patmos. 2011.
Beide Bücher lesen sich gut, Bilder und Zeitleiste geben Zusatzinformationen.

Winner, Lauren F.
Sabbat im Café. Warum jüdische Rituale mein Leben bereichern
Gütersloher Verlagshaus. 2006.
Eine ehemals orthodoxe Jüdin konvertiert zum Christentum und schildert, welche Rituale ihres früheren Lebens sie vermisst.

Islam

Affolderbach, Martin/Wöhlbrand, Inken (im Auftrag der VELKD u. EKD)
Was jeder vom Islam wissen muss
Gütersloher Verlagshaus. ²bzw. ⁸2011.
Alles drin von Abraham über Sorgerecht bis Zwangsverheiratung.

Miehl, Melanie
Der Islam. Die 100 wichtigsten Daten
Gütersloher Verlagshaus. 2004.
Anschaulich, kurz und prägnant.

Studienkreis für Tourismus und Entwicklung e. V.
Sympathiemagazin Islam verstehen
Gute und gut aufgemachte Einstiegslektüre.

Bellestristik

Abulhawa, Susan
Während die Welt schlief
Diana, 2012.
Ein mitreißender Roman rund um die Nakba, die Urwunde des israelisch-palästinensischen Konflikts.

Neulinger, Isabelle
Meinen Sohn bekommt ihr nie.
Flucht aus dem gelobten Land
Nagel & Kimche. ⁴2013.
Thrillerartiger Bericht einer Schweizer Jüdin über ihre Einwanderung nach Israel, die Ehe mit Shai, seine religiöse Radikalisierung und ihre Flucht vor ihm nach Europa.

Rabinyan, Dorit
Wir sehen uns am Meer
Kiepenheuer & Witsch, 2016.
Stark autobiographisch gefärbter Roman um eine leidenschaftliche Romanze zwischen einer Jüdin und einem Palästinenser in New York City.

Zeitschriften / Rundbriefe aus dem beziehungsweise zum Heiligen Land
(zum Teil auch online)

- Cornerstone (Sabeel, Jerusalem)
- Das Heilige Land
- Dormitio-Rundbrief der Benediktiner
- Emmaus-Wege
- Franziskaner
- Gemeindebrief der Erlöserkirche Jerusalem
- Im Land der Bibel (ILB)
- Im Land des Herrn
- Newsletter des Christus-Treff Jerusalem
- One (USA)
- Schneller-Magazin
- Jesusbruderschaft: Freundesbrief aus Israel-Latrun
- The Holy Land Review (USA)

All diese Zeitschriften (manche auf Deutsch, andere auf Englisch) erscheinen zwischen zwei- und sechsmal im Jahr und geben tiefe Einblicke in das Leben der Christen, christlicher Einrichtungen oder Orden im Heiligen Land.

Internetseiten – Christen/christliches Leben

Christliches Informationszentrum
www.cicts.org

Kustodie des Heiligen Landes
www.custodia.org

Lateinisches Patriarchat
http://de.lpj.org/

www.kairospalestine.ps

Christliches Medienzentrum
http://cmc-terrasanta.com

Gemeinnützige Organisation im Dienste der Kustodie
http://www.proterrasancta.org/de/

Nachrichten-Plattform arabischsprachiger Christen/Nazareth
http://www.comeandsee.com/

Ökumenisches Zentrum für Befreiungstheologie
www.sabeel.org

Ökumenische Initiative für Frieden in Israel-Palästina (PIEF)
http://pief.oikoumene.org/en

www.openbethlehem.org

Informationen zu christlichem Leben, aber auch zu Friedensinitiativen, Menschenrechten, etc.
www.al-bushra.org

Informationen zur Grabeskirche
http://www.sepulchre.custodia.org/

Filme zum Thema Christen im Heiligen Land

Salt of the Earth

The Stones cry out

Im Hause meines Vaters sind viele Wohnungen

Open Bethlehem
(beleuchtet auch Konflikt)

Holyland:
Christians in Peril

Celebrating the 40th Jubilee of Bethlehem University

CBS:
Christians of the Holy Land

Christen im Heiligen Land – ein Gespräch mit Pater Nikodemus Schnabel

Sehenswerte Filme, die den Konflikt beleuchten

Junction 48

Das Herz von Jenin

Töte zuerst!

5 broken cameras

Within the eye of the storm

The Iron Wall

Last supper (Abu Dis)

Lemon tree

Das Schwein von Gaza

Bethlehem – Wenn der Feind ein bester Freund ist

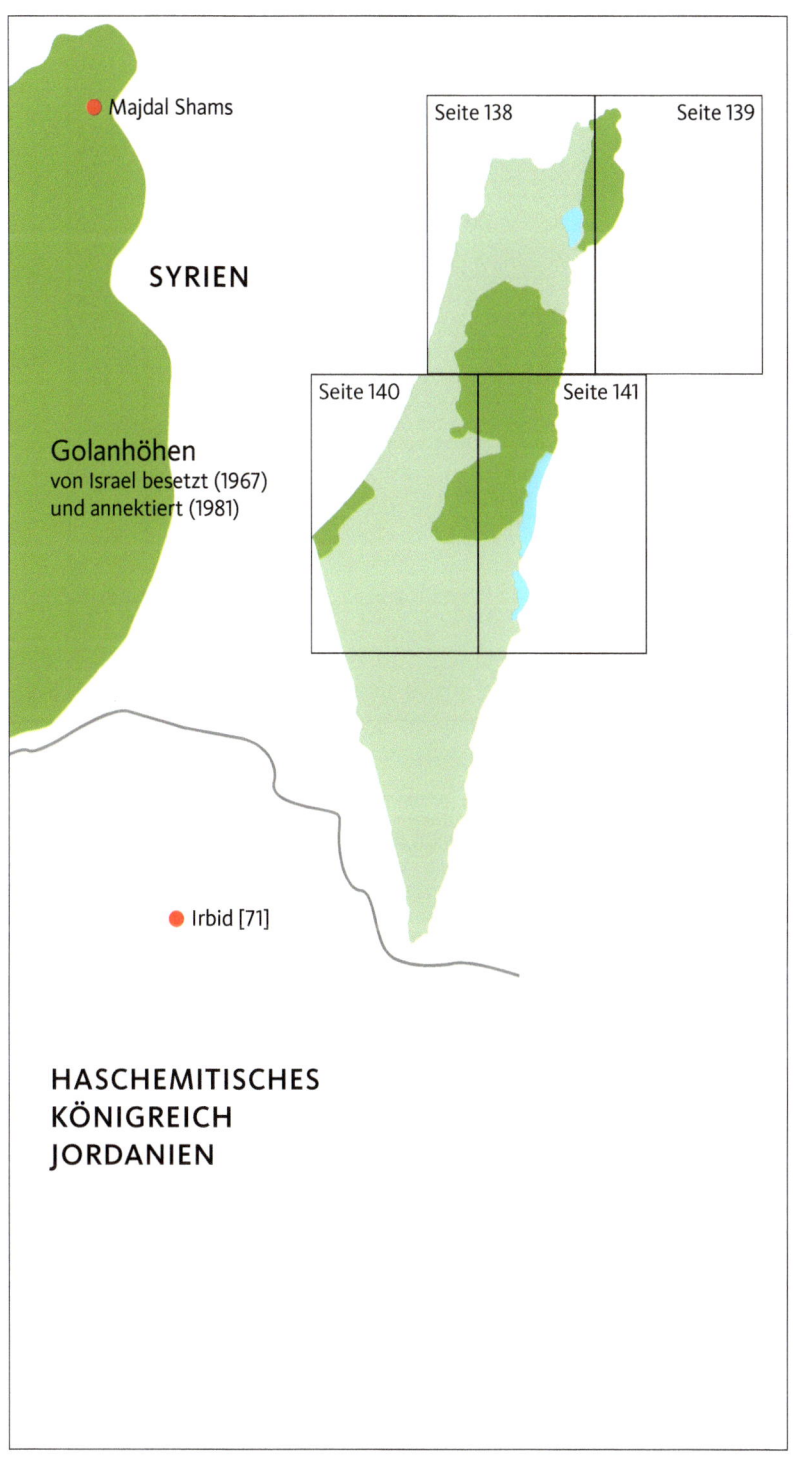

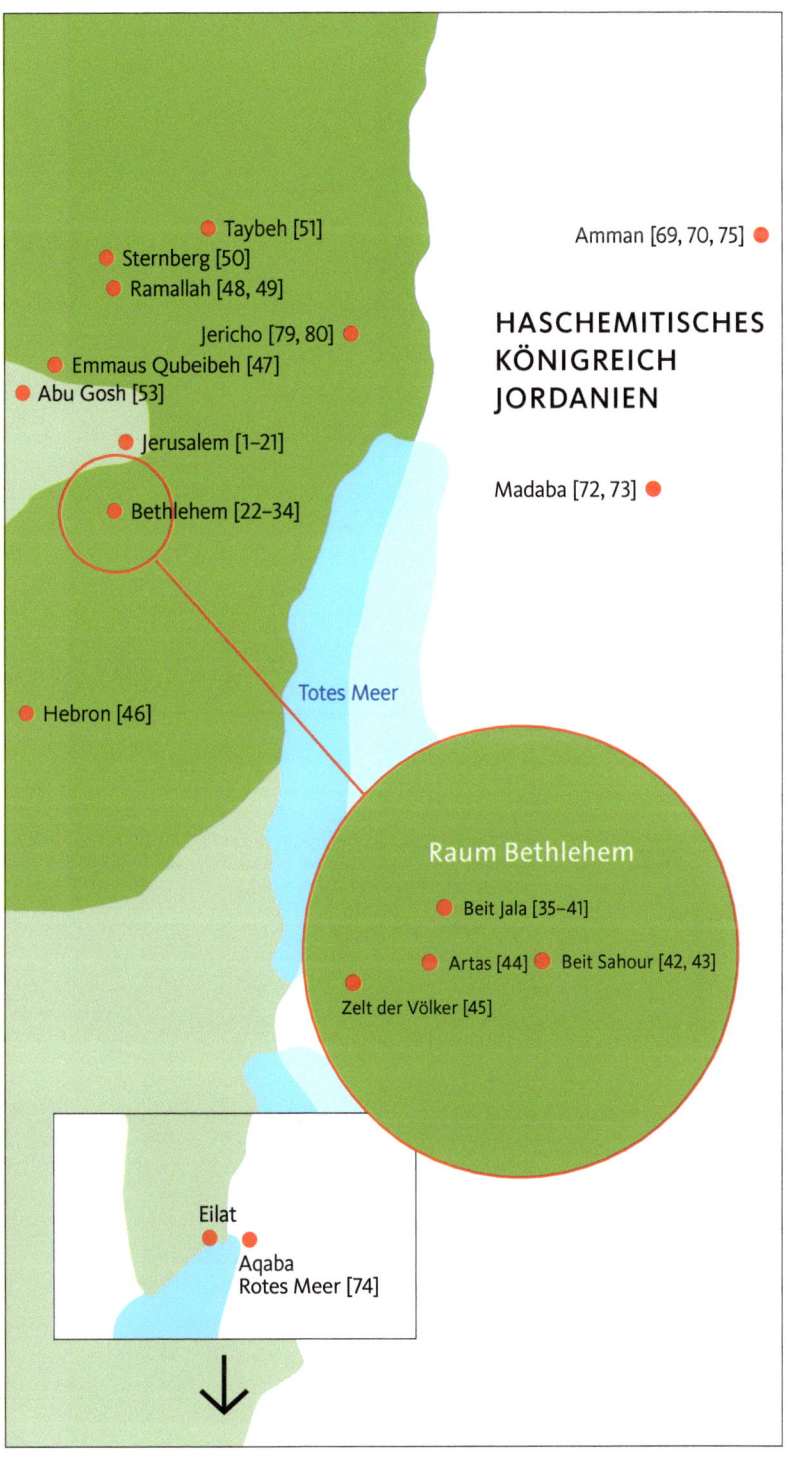

Karte Israel 141

Reisenotizen

Bildnachweis

Alle Fotos: Johannes Zang – außer Seite 68: Marie Hahn.

Das Bild auf Seite 9 ist entnommen dem Band
Faten Nastas Mitwasi: Sliman Mansour,
Michael Imhof Verlag.

Bibliografische Information der Deutschen Nationalbibliothek

Die Deutsche Nationalbibliothek verzeichnet diese Publikation
in der Deutschen Nationalbibliografie; detaillierte bibliografische
Daten sind im Internet über <http://dnb.d-nb.de> abrufbar.

© 2017 Echter Verlag GmbH
www.echter.de

Umschlaggestaltung: wunderlichundweigand.de
Gestaltung: Peter Hellmund
Druck und Bindung: CPI – Clausen & Bosse, Leck
ISBN 978-3-429-04337-7